Babette Ulmer

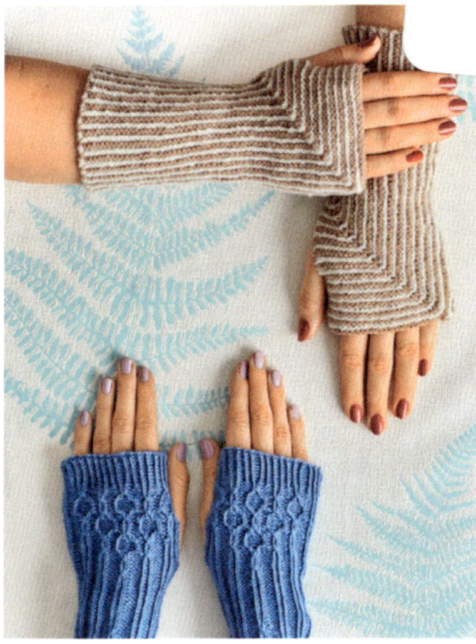

Armstulpen stricken

Tolle Designs mit Kuschelfaktor

CV

Einfach mal überge„stulpt"!

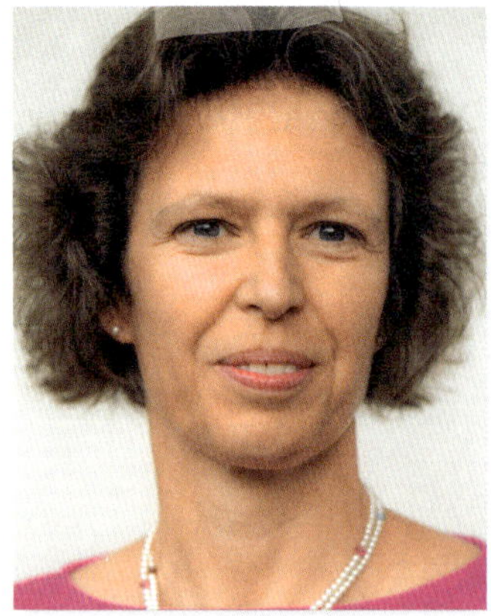

Der Wind pfeift uns um die Ohren und Handgelenke, aber die Mantelärmel sind viel zu kurz. Da servieren wir Ihnen hier gleich mal die Lösung auf einem Silbertablett: Stulpen, Stulpen, Stulpen, gegen Kälte, Wind und Wetter. Stylisch, trendy und süß sehen die wolligen Modelle in diesem Buch natürlich auch noch aus und werten jedes Outfit optisch auf. Grafische und traditionelle Muster, blumige Häkelapplikationen oder zarte Ajouroptik, hier finden Sie, was Sie suchen. Für jeden Anlass und jeglichen Geschmack.

Die Grundanleitung auf den Klappen frischt das Strickwissen auf und erklärt nochmals alle benötigten Spezialtechniken. Wie man seinen Handumfang misst, wird ebenfalls beantwortet.

Wenn Sie nun Lust bekommen haben, ganz individuell Ihre Handgelenke zu umstricken, dann wählen Sie einfach eines der Modelle aus. Farben und Garne können je nach Lust und Laune angepasst und ausgetauscht werden. Lassen Sie Ihrer Kreativität freien Lauf.

Viel Spaß und Freude beim Stricken wünscht

Babette Ulmer

Schwierigkeitsgrade der Modelle

✶ = einfach

✶ ✶ = mittel

✶ ✶ ✶ = schwierig

Inhalt

4 Beerig
Armstulpen mit Mohair und Häkelborte

6 Linientreu
Kraus-rechts-Stulpen

8 Wollweiß
Armstulpen mit Spiralzöpfen

10 Grafisch
Pulswärmer mit Wellenmuster

12 Duftig süß
Handstulpen mit Häkelblume

16 Glitzerfein
Armstulpen mit Ajourmuster

19 Kirschrot
Armstulpen mit Ajourrippen

22 Verzopft
Armstulpen mit Zopf

25 Wolkig zart
Armstulpen mit Lacemanschette

28 Fröhlich frisch
Kinder- und Damenstulpen mit Herz und Stern

32 Farbstark
Armstulpen mit Ajourmuster und Farbverlauf

34 Pastellig
Armstulpen mit Pfauenmuster

37 Herzig
Armstulpen mit Zopf und Herz

40 Musterstark
Armstulpen mit Jacquardmuster

42 Herbstfarben
Armstulpen mit Hebemaschenmuster

45 Himmelblau
Armstulpen mit Zopfmuster

48 Impressum

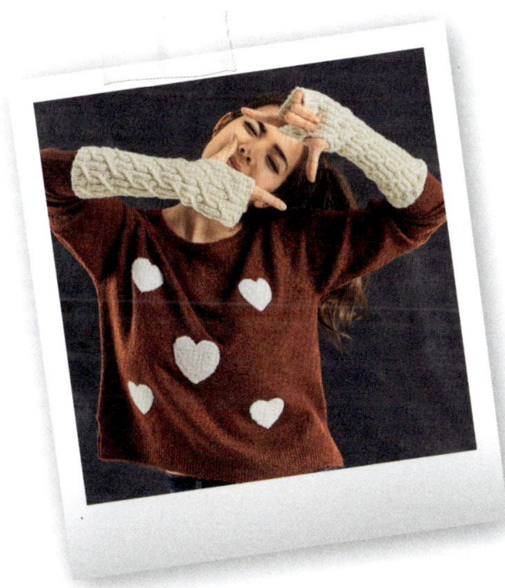

BEERIG

Armstulpen mit Mohair und Häkelborte ✱ ☆ ☆

Größe

18/20,5/22 cm Umfang, ca. 25,5 cm fertige Länge
Die Angaben für die drei Größen sind durch Schrägstriche voneinander getrennt. Steht nur eine Angabe, gilt sie für alle Größen.

Material

- Lana Grossa Cool Wool (100 % Schurwolle, Lauflänge ca. 160 m/50 g): 50 g Puderrosa
- Lana Grossa Silkhair (70 % Mohair, 30 % Seide, Lauflänge ca. 210 m/25 g): 25 g Weinrot
- Nadelspiel 3,0 mm und 4,0 mm
- Häkelnadel 3,0 mm

Rippenmuster: 2 Maschen rechts, 2 Maschen links im Wechsel stricken.

Glatt rechts: In Runden stets rechte Maschen stricken.

Kraus rechts: In Runden 1 Runde linke Maschen, 1 Runde rechte Maschen im Wechsel stricken.

Maschenproben: Im Rippenmuster mit Cool Wool und Nadeln 3,0 mm 26 Maschen und 38 Runden = 10 x 10 cm (gespannt); glatt rechts mit Silkhair und Nadeln 4,0 mm 22 Maschen und 32 Runden = 10 x 10 cm

So wird's gemacht

Rechte Stulpe

48/56/64 Maschen mit Nadel 3,0 mm in Puderrosa anschlagen, die Maschen gleichmäßig auf vier Nadeln verteilen (= 12/14/16 Maschen pro Nadel) und zur Runde schließen. 16,5 cm = 63 Runden im Rippenmuster stricken. Alle Maschen abketten. Nun aus den hinteren Maschengliedern der Abkettrunde mit Nadel 4,0 mm 48/56/64 Maschen in Weinrot auffassen und die Maschen gleichmäßig auf vier Nadeln verteilen (= 12/14/16 Maschen pro Nadel). 7,5 cm = 24 Runden glatt rechts stricken. Dann 1,5 cm = 5 Runden kraus rechts weiterarbeiten. Die Maschen locker abketten.

Linke Stulpe

Wie die rechte Stulpe stricken.

Fertigstellung

Die noch freien vorderen Maschenglieder mit der Häkelborte in Puderrosa behäkeln, dabei 6-mal/7-mal/8-mal den Mustersatz von 8 Maschen arbeiten.

Häkelschrift

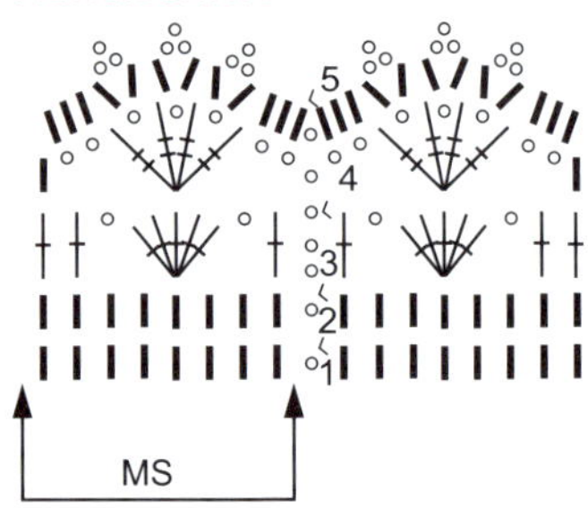

Zeichenerklärung

○ = 1 Luftmasche
⌄ = 1 Kettmasche
I = 1 feste Masche
† = 1 Stäbchen
‡ = 1 Doppelstäbchen
MS = Mustersatz

Laufen die Zeichen unten zusammen, die Maschen in eine Einstichstelle arbeiten.

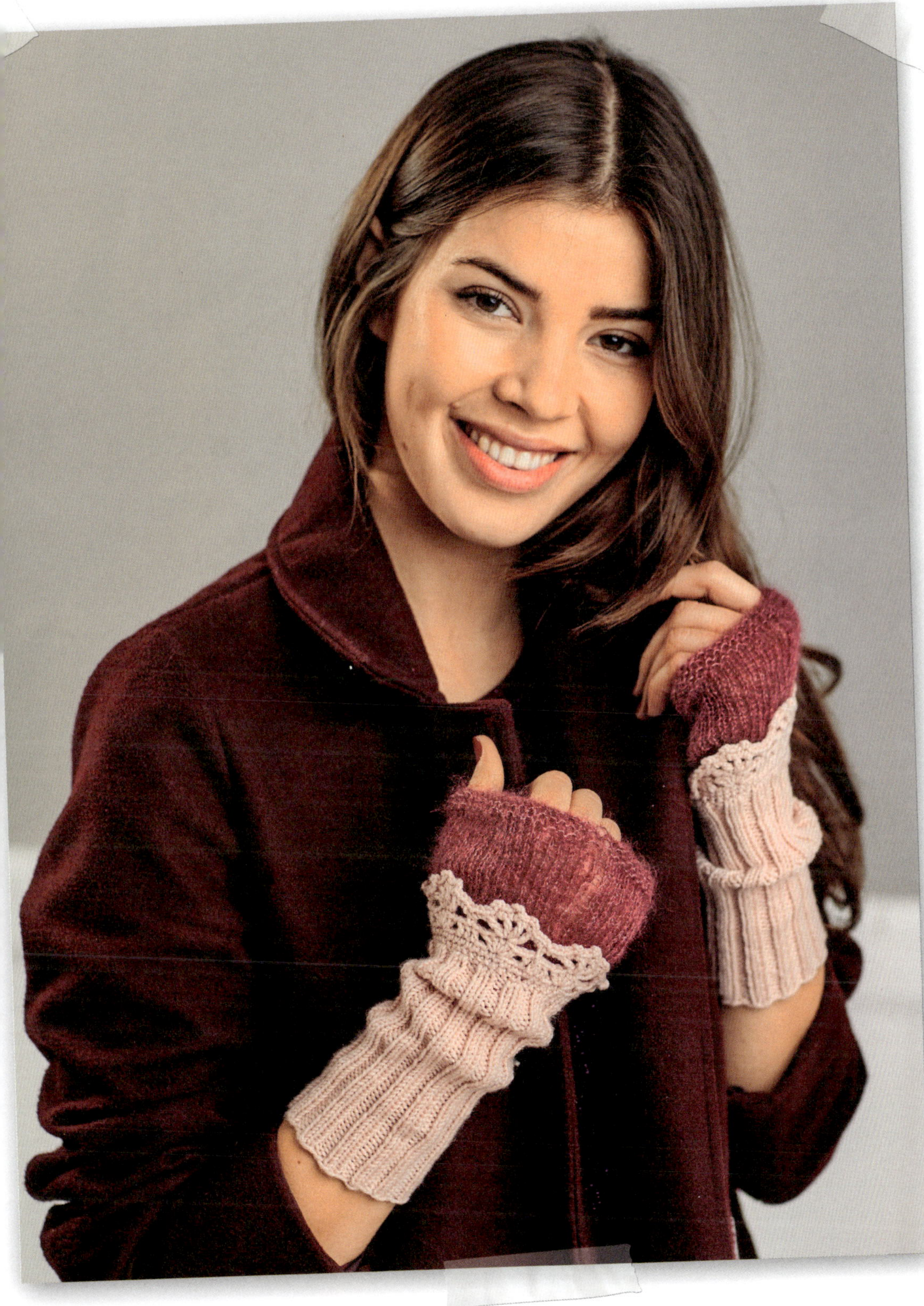

LINIENTREU

Kraus-rechts-Stulpen ✱ ☆ ☆

Größe

19/21/23,5 cm Umfang, ca. 23 cm fertige Länge

Die Angaben für die drei Größen sind durch Schrägstriche voneinander getrennt. Steht nur eine Angabe, gilt sie für alle Größen.

Material

- Lana Grossa Cashmere 16 Fine (80 % Schurwolle, 10 % Kaschmir, 10 % Polyamid, Lauflänge ca. 320 m/50 g): je 50 g Rohweiß und Sand
- Rundstricknadel 4,0 mm
- evtl. Maschenmarkierer

Kraus rechts: In Hin- und Rückreihen stets rechte Maschen stricken.

Streifenfolge: 1 Reihe Sand, * 2 Reihen Rohweiß, 2 Reihen Sand, ab * stets wiederholen.

Maschenprobe: Kraus rechts 26,5 Maschen und 60 Reihen = 10 x 10 cm

So wird's gemacht

Die Stulpen werden in Reihen gearbeitet.

87/90/93 Maschen in Sand anschlagen und kraus rechts in der Streifenfolge stricken, dabei mit 1 Rückreihe beginnen. Für die „Ecke" die 26./29./32. Masche markieren und in jeder 2. Reihe (= Hinreihe) die markierte Eckmasche mit der Masche davor und der Masche danach rechts überzogen zusammenstricken (= 2 Maschen zusammen wie zum Rechtsstricken abheben, 1 Masche rechts stricken, dann die beiden abgehobenen Maschen zusammen überziehen). Diese Abnahmen so oft wiederholen, bis nur noch 1 Masche vor der markierten Masche übrig ist. In der folgenden Hinreihe nun aus der markierten Masche 3 Maschen herausstricken (= 1 Masche rechts verschränkt, 1 Masche rechts, 1 Masche rechts verschränkt). Diese Zunahmen so oft arbeiten, bis vor der markierten Masche wieder 25/28/31 Maschen bzw. insgesamt 87/90/93 Maschen auf der Nadel sind. Nach 1 Hinreihe in Sand alle Maschen rechts in Sand abketten.

Die zweite Stulpe ebenso stricken.

Fertigstellung

Die Stulpen spannen, leicht anfeuchten und trocknen lassen. Die seitliche Naht jeweils schließen, dabei für den Daumenschlitz 4 cm vom oberen Rand 4 cm offen lassen.

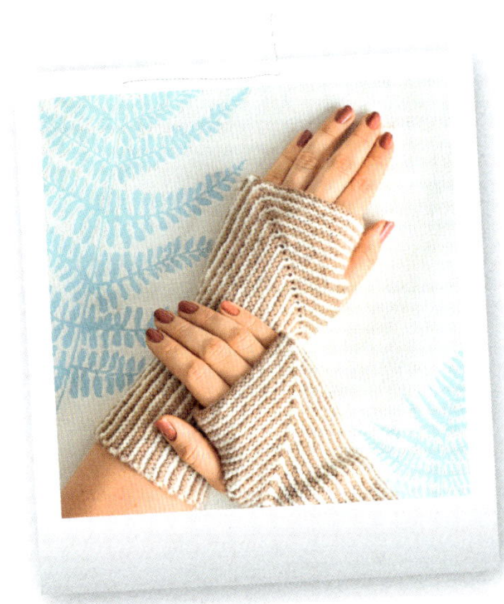

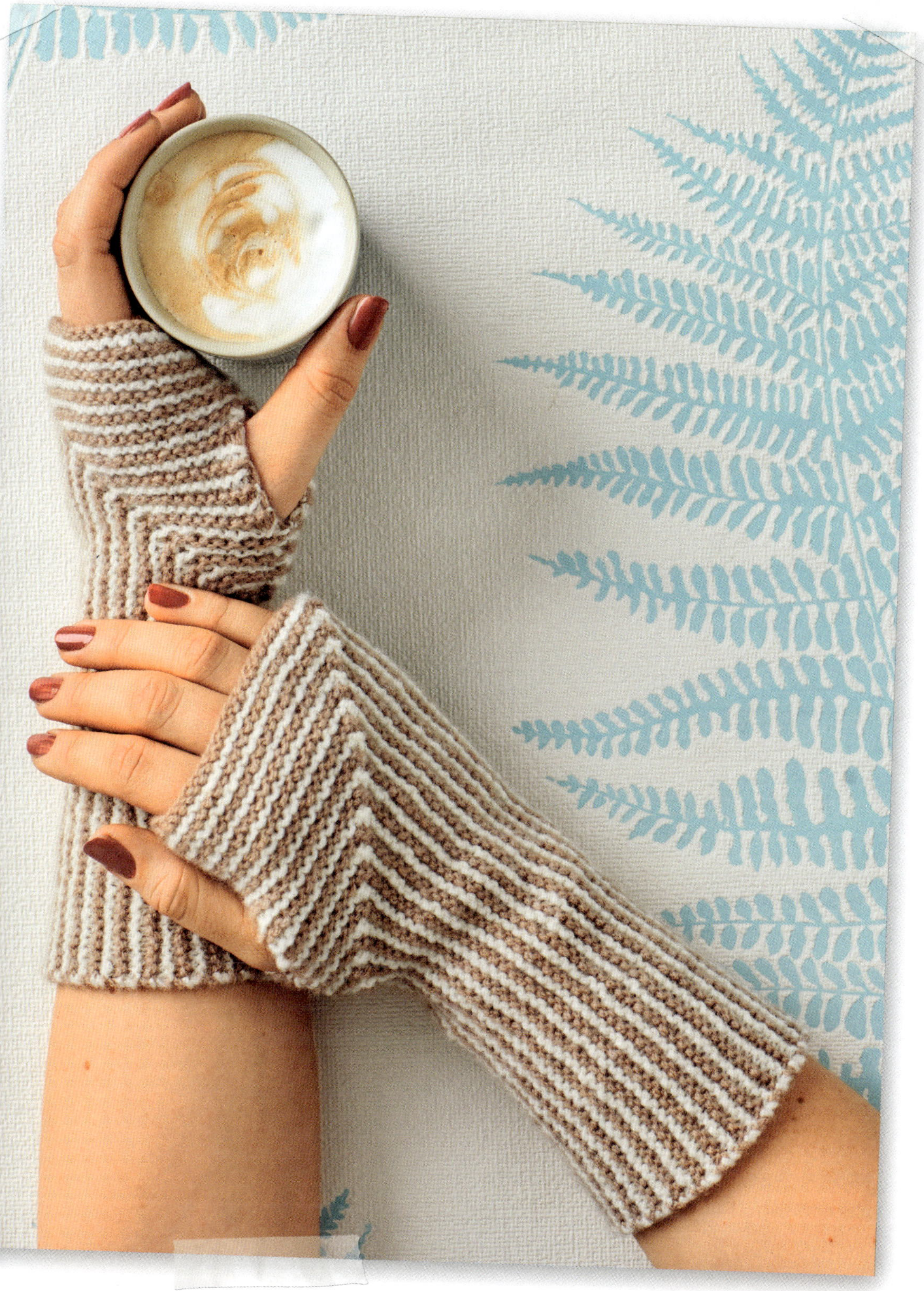

WOLLWEISS

Armstulpen mit Spiralzöpfen ✱✱☆

Größe

19/22/25 cm Umfang, ca. 31 cm fertige Länge
Die Angaben für die drei Größen sind durch Schrägstriche voneinander getrennt. Steht nur eine Angabe, gilt sie für alle Größen.

Material

- Junghans Merino-Supersoft (100 % Schurwolle, Lauflänge 185 m/50 g): 100 g Ecru/Natur
- Nadelspiel 3 mm
- Zopf- oder Hilfsnadel

Zopfmuster A und B: Maschenzahl teilbar durch 12. Für die rechte Stulpe nach Strickschrift A, für die linke Stulpe nach Strickschrift B stricken. Es sind nur ungerade Runden/Reihen gezeichnet, in den geraden Runden/Reihen die Maschen stricken, wie sie erscheinen. Den Mustersatz von 12 Maschen 6-mal/7-mal/8-mal arbeiten. Die 1.–32. Runde stets wiederholen. Die ersten Verzopfungen der 13. und 23. Runde immer schon mit den letzten 3 Maschen der 12. bzw. 22. Runde arbeiten.

Maschenproben: Im Zopfmuster A und B (ungespannt) 44 Maschen und 39,5 Runden = 10 x 10 cm; im Zopfmuster A und B (gespannt) 38 Maschen und 39,5 Runden = 10 x 10 cm

So wird's gemacht

Rechte Stulpe

72/84/96 Maschen anschlagen, die Maschen gleichmäßig auf vier Nadeln verteilen (= 18/21/24 Maschen pro Nadel) und zur Runde schließen. Im Zopfmuster A stricken.
In 23 cm Gesamthöhe die Arbeit am Rundenbeginn teilen und 4 cm = 16 Reihen in Reihen stricken, danach wieder in Runden weiterarbeiten. In 31 cm Gesamthöhe = 122 Runden ab Anschlag alle Maschen abketten.

Linke Stulpe

Wie die rechte Stulpe, jedoch im Zopfmuster B arbeiten.

Strickschrift A

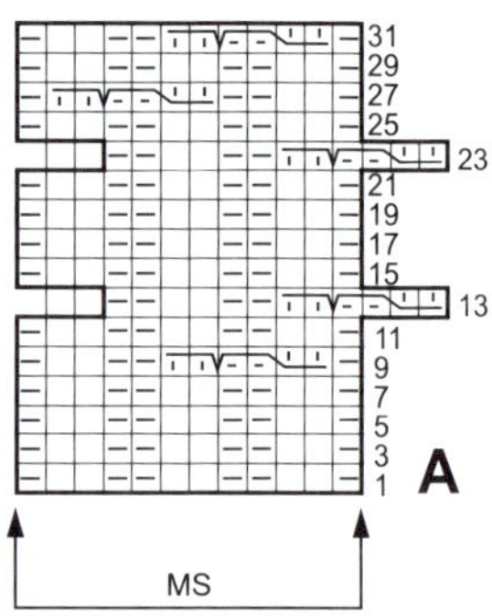

Strickschrift B

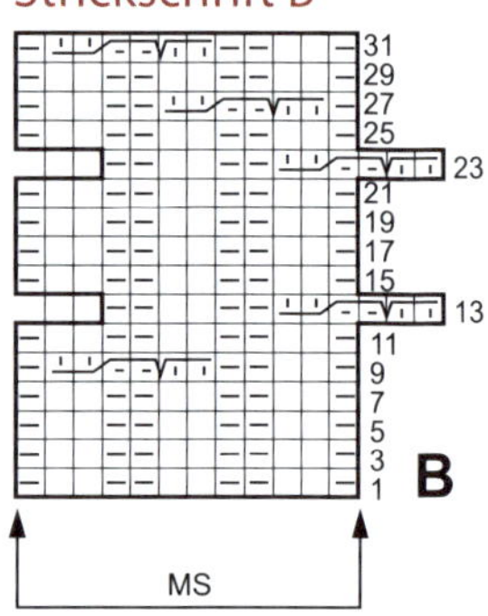

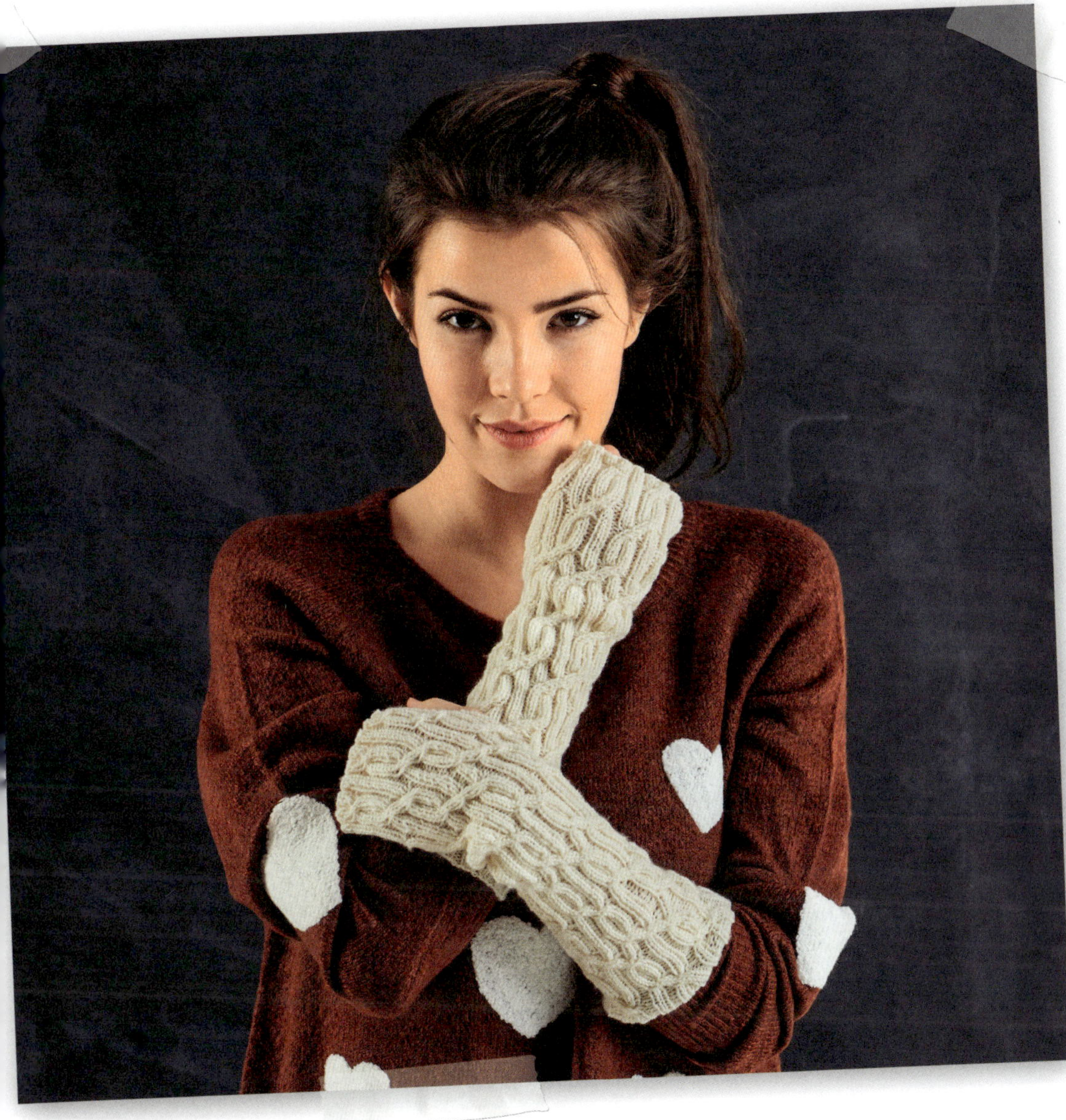

Zeichenerklärung

□ = 1 Masche rechts

⊟ = 1 Masche links

= 2 Maschen auf eine Hilfsnadel vor die Arbeit legen, 2 Maschen auf eine zweite Hilfsnadel hinter die Arbeit legen, 2 Maschen rechts stricken, dann die Maschen der zweiten Hilfsnadel links und danach die Maschen der ersten Hilfsnadel rechts stricken

= 2 Maschen auf eine Hilfsnadel hinter die Arbeit legen, 2 Maschen auf eine zweite Hilfsnadel hinter die Arbeit legen, 2 Maschen rechts stricken, dann die Maschen der zweiten Hilfsnadel links und danach die Maschen der ersten Hilfsnadel rechts stricken

MS = Mustersatz

GRAFISCH

Pulswärmer mit Wellenmuster ✱ – ✱ ✱ ☆

Größe

18/20,5/23,5 cm Handumfang, 24,5/28,5/32,5 cm Umfang am Stulpenbeginn, 29 cm fertige Länge Die Angaben für die drei Größen sind durch Schrägstriche voneinander getrennt. Steht nur eine Angabe, gilt sie für alle Größen.

Material

- Lang Yarns Merino 150 (100 % Schurwolle, Lauflänge ca. 150 m/50 g): je 50 g Natur, Hellgrün, Weinrot, Petrol und Dunkelblau
- Nadelspiel 3,0 mm

Glatt rechts: In Runden stets rechte Maschen stricken.

Kraus rechts: In Runden 1 Runde linke Maschen, 1 Runde rechte Maschen im Wechsel stricken.

Jacquardmuster: Nach der Strickschrift glatt rechts stricken. Die 1.–47. Runde 1-mal stricken. Den Mustersatz zwischen den Pfeilen 6-mal/7-mal/8-mal arbeiten; Mustersatz zu Beginn 10 Maschen, durch die Abnahmen am Ende nur noch 8 Maschen.

Maschenprobe: Glatt rechts 27 Maschen und 35 Runden = 10 x 10 cm

So wird's gemacht

66/77/88 Maschen in Dunkelblau anschlagen, die Maschen auf vier Nadeln verteilen (= 16-17-16-17/19-19-19-20/22-22-22-22 Maschen) und zur Runde schließen. Zunächst 2 cm = 7 Runden glatt rechts stricken. Dann für die Umbruchkante 1 Runde linke Maschen stricken. Danach wieder glatt rechts stricken. Nach 7 cm = 24 Runden ab Umbruchkante das Jacquardmuster stricken (= 48/56/64 Maschen). Nach dem Jacquardmuster über alle Maschen in Natur glatt rechts weiterarbeiten. In 28 cm = 98 Runden ab Umbruchkante 1 cm = 3 Runden kraus rechts stricken. Die Maschen rechts abketten.

Den zweiten Pulswärmer ebenso stricken.

Fertigstellung

Den unteren Rand der Stulpen jeweils an der Umbruchkante nach innen umschlagen und annähen.

Strickschrift

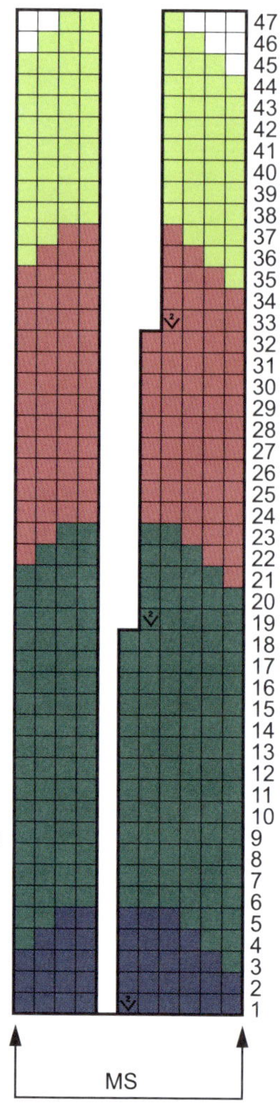

Zeichenerklärung

- ⊻ = 2 Maschen rechts zusammenstricken
- □ = Natur
- ■ = Hellgrün
- ■ = Weinrot
- ■ = Petrol
- ■ = Dunkelblau
- MS = Mustersatz

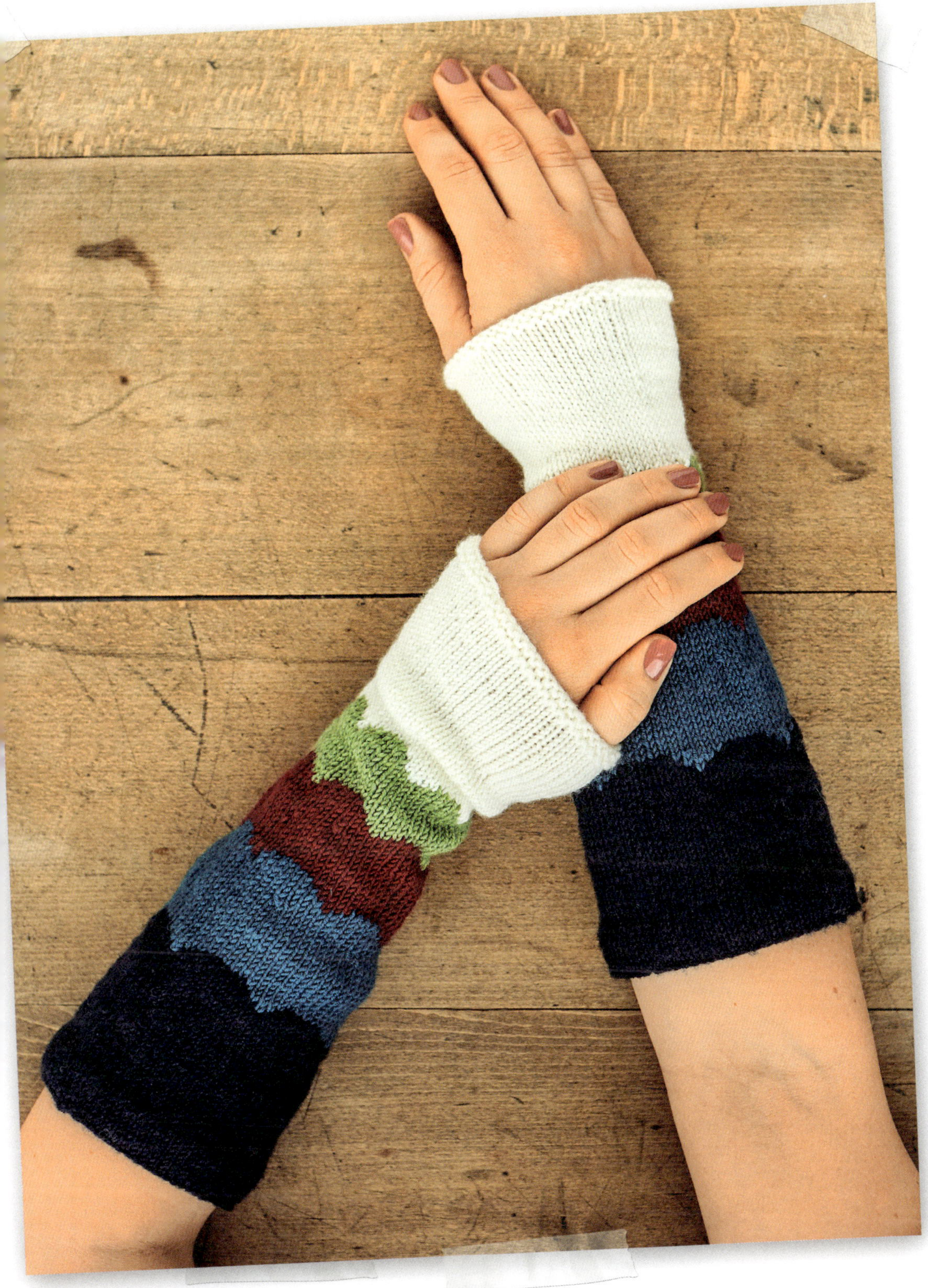

Duftig süß

Handstulpen mit Häkelblume ✱ – ✱✱ ☆

Größe

18/20,5/23,5 cm Handumfang, 18 cm fertige Länge

Die Angaben für die drei Größen sind durch Schrägstriche voneinander getrennt. Steht nur eine Angabe, gilt sie für alle Größen.

Material

- Lang Yarns Merino 150 (100 % Schurwolle, Lauflänge ca. 150 m/50 g): je 50 g Dunkelblau, Hellpetrol, Denim, Royal, Türkis und Gelb
- Nadelspiel 3,0 mm
- Häkelnadel 3,0 mm
- evtl. Maschenmarkierer

Rippenmuster: 1 Masche rechts, 1 Masche links im Wechsel stricken.

Glatt rechts: In Hinreihen rechte Maschen, in Rückreihen linke Maschen stricken; in Runden stets rechte Maschen stricken.

Häkelblume mit Quadrat (für den Handrücken):

Um einen verstellbaren Fadenring wie folgt häkeln:

1. Runde (Gelb): 3 Luftmaschen (als Ersatz für das 1. Stäbchen), 15 Stäbchen um den Ring, die Runde mit 1 Kettmasche in die oberste Ersatzluftmasche schließen.

2. Runde (Türkis): 3 Luftmaschen (als Ersatz für das 1. Stäbchen), * 3 Luftmaschen, 1 Stäbchen überspringen, 1 Stäbchen, ab * 7-mal arbeiten, 3 Luftmaschen, 1 Stäbchen überspringen, die Runde mit 1 Kettmasche in die oberste Ersatzluftmasche schließen.

3. Runde (Hellpetrol): 1 Luftmasche, je 1 Blatt häkeln (= 1 feste Masche, 2 Luftmaschen, 3 Stäbchen, 2 Luftmaschen und 1 feste Masche) um jeden Luftmaschenbogen der Vorrunde, dann die Runde mit 1 Kettmasche in die 1. feste Masche schließen.

4. Runde (Türkis): Hinter der Arbeit um die Stäbchen der 2. Runde arbeiten. 1 Luftmasche, * 5 Luftmaschen, 1 feste Masche, ab * 7-mal arbeiten, 5 Luftmaschen, die Runde mit 1 Kettmasche in die 1. Luftmasche schließen.

5. Runde (Denim): 1 Luftmasche, je 1 Blatt häkeln (= 1 feste Masche, 2 Luftmaschen, 5 Stäbchen, 2 Luftmaschen und 1 feste Masche) um jeden Luftmaschenbogen der Vorrunde, die Runde mit 1 Kettmasche in die 1. feste Masche schließen.

6. Runde (Türkis): Hinter der Arbeit um die festen Maschen der 4. Runde arbeiten. 1 Luftmasche, * 7 Luftmaschen, 1 feste Masche, ab * 7-mal arbeiten, 7 Luftmaschen, die Runde mit 1 Kettmasche in die 1. Luftmasche schließen.

7. Runde: 1 Luftmasche, je 1 Blatt häkeln (= 1 feste Masche, 2 Luftmaschen, 7 Stäbchen, 2 Luftmaschen und 1 feste Masche) um jeden Luftmaschenbogen der Vorrunde, die Runde mit 1 Kettmasche in die 1. feste Masche schließen. Faden abschneiden und durchziehen.

Nun wie folgt das Quadrat für den Handrücken häkeln: Die 8.–11. Runde der Häkelschrift 1-mal arbeiten. Dafür hinter der Arbeit mit Hellpetrol in die oberste Ersatzluftmasche der 1. Runde der Häkelblume anschlingen und die 8. Runde hinter

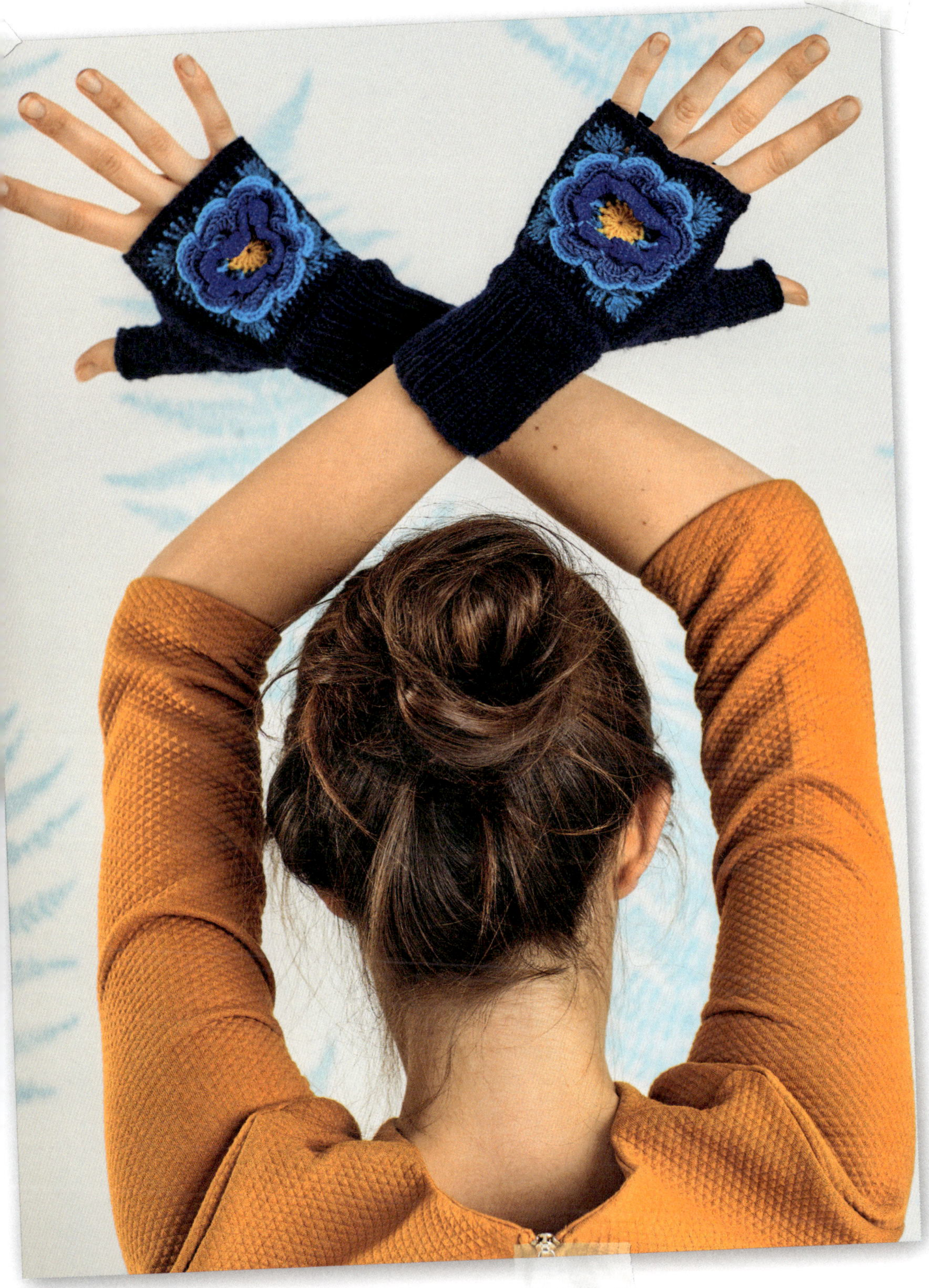

der Arbeit um die Stäbchen der 1. Runde häkeln. Die 8.–10. Runde in Hellpetrol und die 11. Runde in Dunkelblau arbeiten.

Maschenprobe: Glatt rechts 27 Maschen und 34 Runden = 10 x 10 cm

Häkelblume: 9 x 9 cm

So wird's gemacht

Rechte Stulpe

48/56/64 Maschen in Dunkelblau anschlagen, die Maschen gleichmäßig auf vier Nadeln verteilen (= 12/14/16 Maschen pro Nadel) und zur Runde schließen. Die Maschen der Handfläche sind auf der 1. und 2. Nadel, die Maschen des Handrückens auf der 3. und 4. Nadel. Für den Bund 7 cm = 27 Runden im Rippenmuster stricken. Danach glatt rechts weiterarbeiten. In der 4. Runde ab Bund für den Daumenkeil die 5. Masche der 1. Nadel markieren und beidseitig der markierten Masche je 1 Masche rechts verschränkt aus dem Querfaden herausstricken (= 3 Maschen Daumenkeil). Die folgenden Zunahmen für den Daumenkeil wie folgt stricken: 4-mal/5-mal/6-mal in jeder 2. Reihe und 3-mal in jeder 4. Reihe vor und nach den Daumenkeilmaschen je 1 Masche rechts verschränkt aus dem Querfaden herausstricken (= 17/19/21 Daumenkeilmaschen). Die Zahl der Daumenkeilmaschen erhöht sich bei jeder Zunahme um 2 Maschen. Diese Maschen stilllegen.

Gleichzeitig nach 1,5 cm = 5 Runden ab Bund die 25.–48./31.–54./37.–60. Masche abketten und in Reihen weiterarbeiten.

Dann über den stillgelegten Daumenkeilmaschen für den Daumensteg 7/7/9 Maschen dazu anschlagen und 1 Reihe glatt rechts stricken. In der folgenden Hinreihe die 1. Stegmasche mit der Masche davor rechts überzogen zusammenstricken (= 1 Masche wie zum Rechtsstricken abheben, 1 Masche rechts stricken, dann die abgehobene Masche überziehen) und die letzte Stegmasche mit der Masche danach rechts zusammenstricken. Diese Abnahme in jeder Hinreihe ebenso arbeiten, bis nur noch 3 Maschen des Stegs übrig sind, dann in der folgenden Hinreihe die letzten 3 Stegmaschen rechts überzogen zusammenstricken (= 2 Maschen zusammen wie zum Rechtsstricken abheben, 1 Masche rechts stricken, dann die beiden abgehobenen Maschen zusammen überziehen) (= 26/30/34 Maschen). Noch weitere 3,5/3/2,5 cm = 12/10/8 Reihen glatt rechts stricken, dann die Maschen abketten.

Für den Daumen die stillgelegten 17/19/21 Daumenkeilmaschen auf eine Nadel nehmen, 7/7/9 Maschen aus dem Steg auffassen (= 24/26/30 Maschen). Die Maschen auf drei Nadeln verteilen (= 8-8-8/9-8-9/10-10-10 Maschen) und glatt rechts stricken. Dabei in der folgenden Runde die

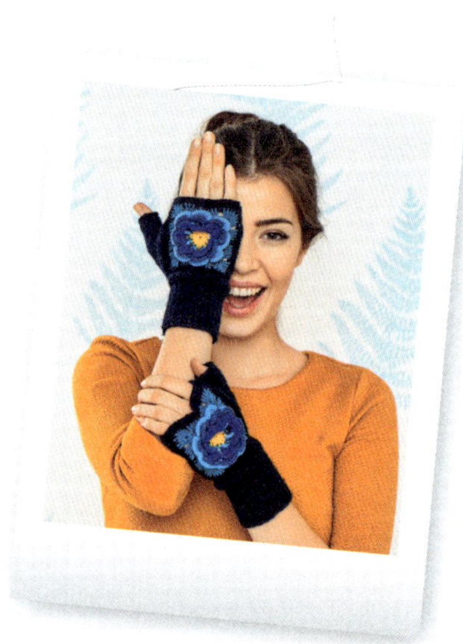

1. Stegmasche mit der Masche davor rechts überzogen zusammenstricken und die letzte Stegmasche mit der Masche danach rechts zusammenstricken. Diese Abnahme in jeder Runde ebenso arbeiten, bis nur noch 3 Maschen des Stegs übrig sind, dann in der folgenden Hinreihe die letzten 3 Stegmaschen rechts zusammenstricken (= 18/20/22 Maschen). Auf Höhe des Fingergelenks die Maschen rechts abketten.

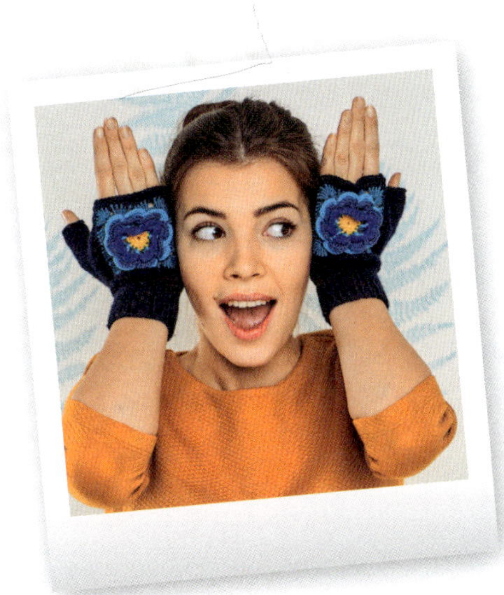

Linke Stulpe

Gegengleich zur rechten Stulpe arbeiten (Handfläche: 3. und 4. Nadel, Handrücken: 1 und 2. Nadel) und für den Daumenkeil die fünftletzte Masche der 4. Nadel markieren.

Fertigstellung

Zwei Häkelblumen mit Quadraten arbeiten und über den abgeketteten Maschen als Handrücken annähen.

Häkelschrift

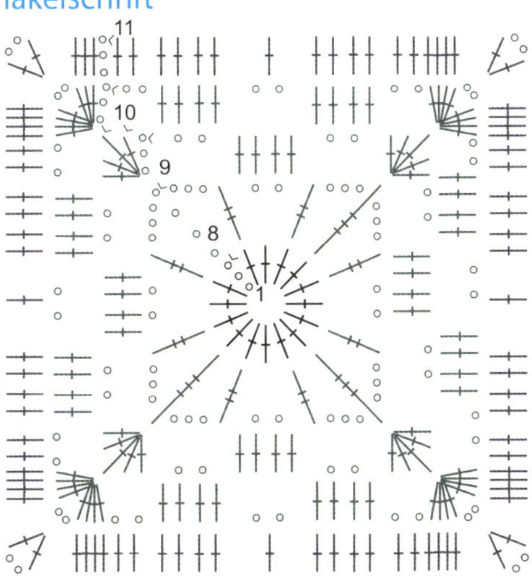

Zeichenerklärung

- = 1 Luftmasche
- = 1 Kettmasche
- = 1 Stäbchen
- = 1 Doppelstäbchen
- = 1 Dreifachstäbchen

Laufen die Zeichen unten zusammen, die Maschen in eine Einstichstelle arbeiten.

GLITZERFEIN

Armstulpen mit Ajourmuster ✱✱☆

Größe

18/25 cm Handumfang und 22/26,5 cm Umfang am Stulpenbeginn, ca. 30 cm fertige Länge
Die Angaben für die kleinere Größe stehen vor dem Schrägstrich, für die größere Größe nach dem Schrägstrich. Steht nur eine Angabe, gilt sie für beide Größen.

Material

- Lana Grossa Splendid (72 % Mohair, 21 % Polyamid, 7 % Lurex, Lauflänge ca. 167 m/ 50 g): 50 g Dunkelbraun/Gold
- Rundstricknadel 3,5 mm

Glatt rechts: In Hinreihen rechte Maschen, in Rückreihen linke Maschen stricken.
Ajourmuster: Nach der Strickschrift stricken. Die 1.–14. Reihe stets wiederholen. Nach den Abnahmen den Mustersatz zwischen den Pfeilen 3-mal/ 4-mal arbeiten.
Maschenprobe: Im Ajourmuster 28,5 Maschen und 56,5 Reihen = 10 x 10 cm

So wird's gemacht

Die Stulpen werden in Reihen gestrickt.
71/86 Maschen anschlagen und 1 Reihe (= Rückreihe) linke Maschen stricken (= 1. Reihe). Dann die Maschen wie folgt einteilen und stricken: Randmasche, 3/2 Maschen glatt rechts, * 17 Maschen Ajourmuster, 6/4 Maschen glatt rechts, ab * 2-mal/3-mal arbeiten, 17 Maschen Ajourmuster, 3/2 Maschen glatt rechts, Randmasche.

In der 26./56. Reihe (= Hinreihe) die ersten Abnahmen wie folgt arbeiten:
Randmasche, 2/1 Maschen glatt rechts, * 3 Maschen rechts überzogen zusammenstricken (= 1 Masche wie zum Rechtsstricken abheben, 2 Maschen rechts stricken, dann die abgehobene Masche überziehen), 13 Maschen Ajourmuster (dafür mit der 3. Masche beginnen und mit der drittletzten Masche der Strickschrift enden), 3 Maschen rechts zusammenstricken, 4/2 Maschen glatt rechts, ab * 2-mal/3-mal arbeiten, 3 Maschen rechts überzogen zusammenstricken, 13 Maschen Ajourmuster, 3 Maschen rechts zusammenstricken, 2/1 Maschen glatt rechts, Randmasche.
Diese Abnahmen 1-mal in der folgenden 26. Reihe und 1-mal in der folgenden 24. Reihe/1-mal in jeder 56. Reihe ebenso arbeiten, dabei verringert sich die Zahl der Glatt-rechts-Maschen vor, zwischen und nach den Ajourmustern. Bei jeder Abnahmereihe werden 6/8 Maschen abgenommen (= 53/70 Maschen).

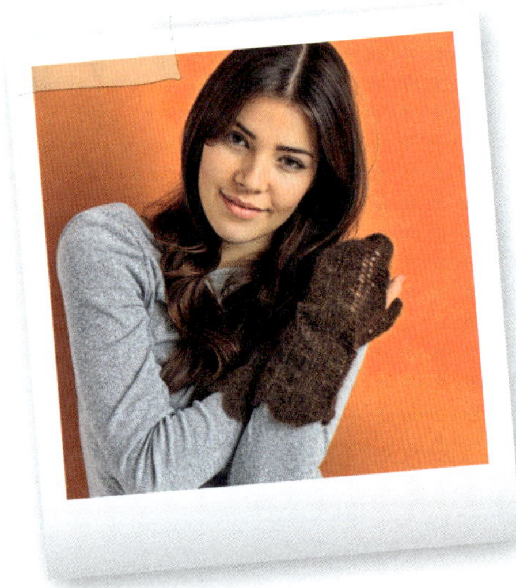

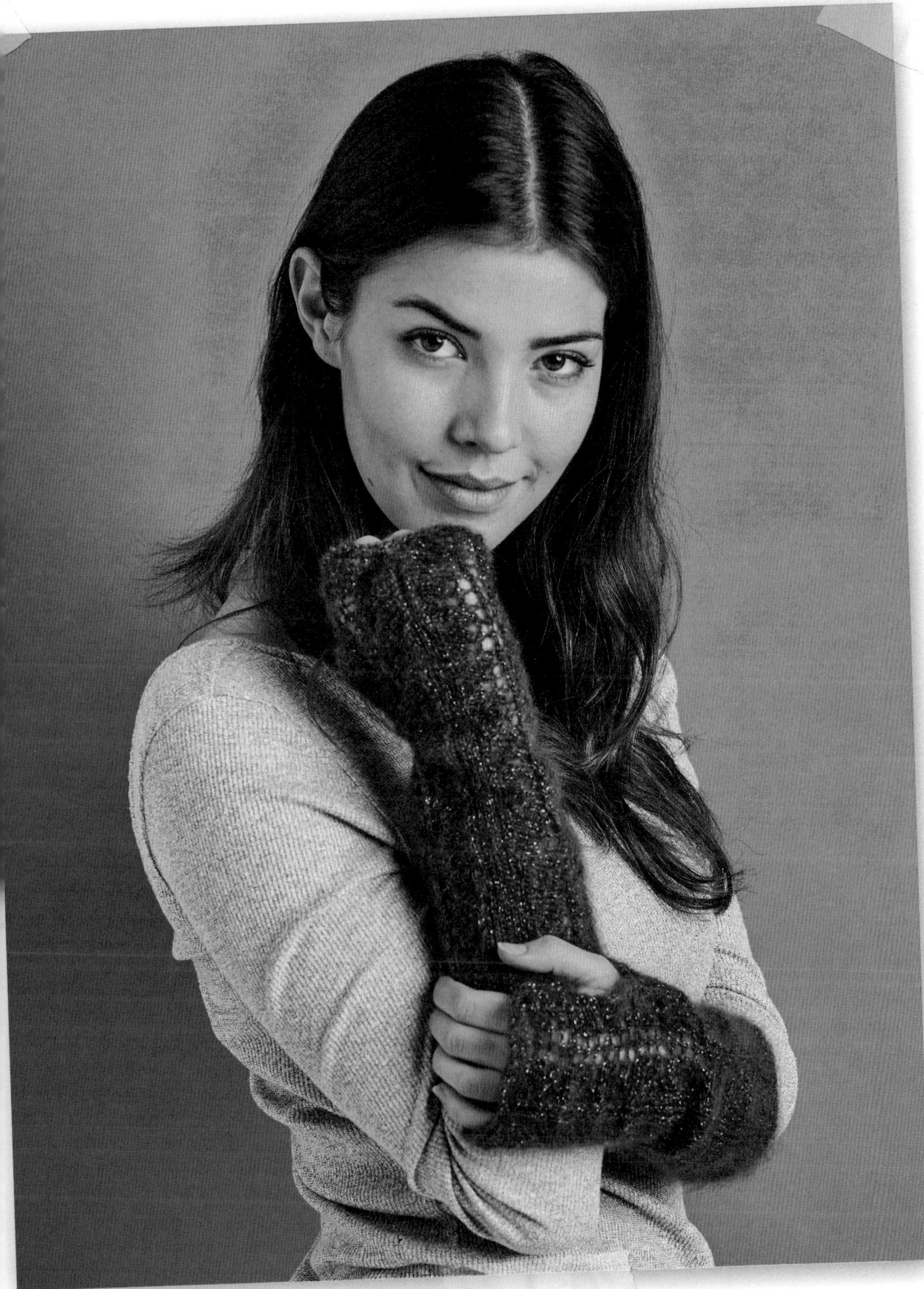

In 30 cm Gesamthöhe = 169 Reihen ab Anschlag alle Maschen abketten.

Die zweite Stulpe ebenso stricken.

Fertigstellung

Die Stulpen spannen, leicht anfeuchten und trocknen lassen. Die seitliche Naht jeweils schließen, dabei für den Daumenschlitz nach 4 cm ab oberem Rand 4 cm offen lassen.

Strickschrift

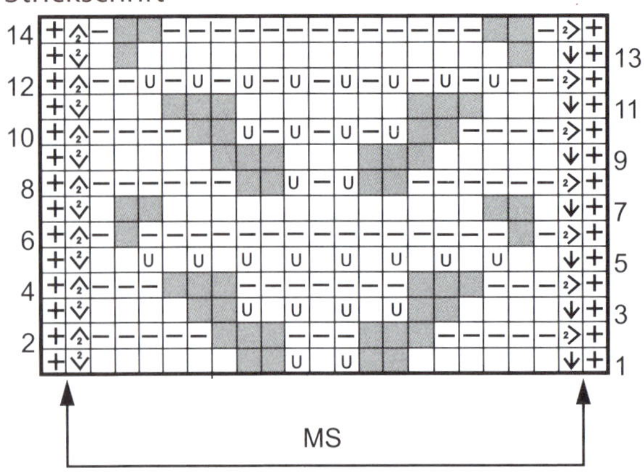

Zeichenerklärung

⊞ = Randmasche

■ = keine Bedeutung, Masche nicht vorhanden (dient nur der besseren Übersicht)

□ = 1 Masche rechts

⊟ = 1 Masche links

U = 1 Umschlag

⩔ = 2 Maschen rechts zusammenstricken

⩓ = 2 Maschen links zusammenstricken

↓ = 2 Maschen rechts überzogen zusammenstricken (= 1 Masche wie zum Rechtsstricken abheben, 1 Masche rechts stricken, dann die abgehobene Masche überziehen)

> = 2 Maschen links verschränkt zusammenstricken

MS = Mustersatz

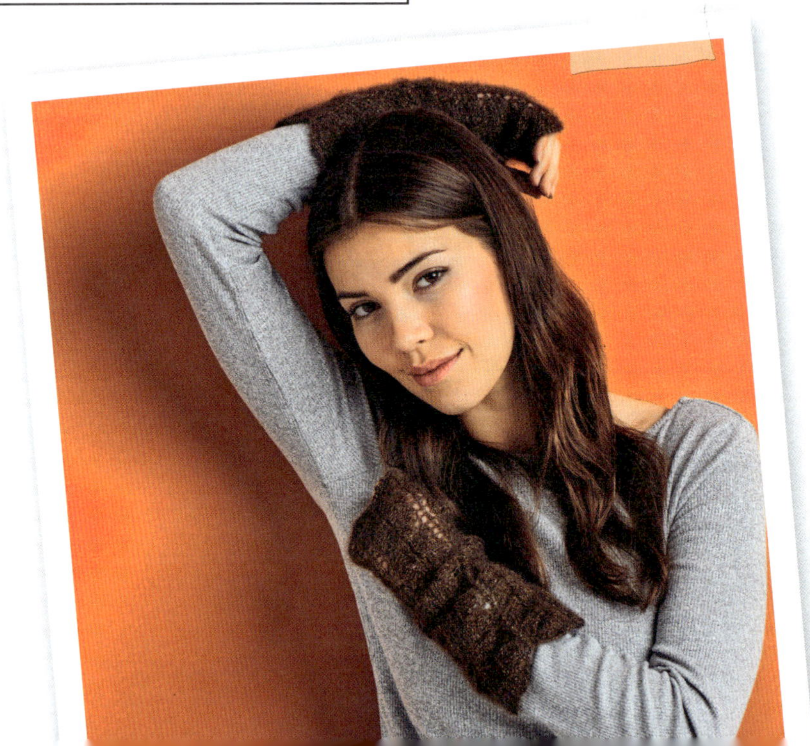

KIRSCHROT

Armstulpen mit Ajourrippen ✱✱☆

Größe

18/20,5/25,5 cm Umfang, ca. 24,5 cm fertige Länge

Die Angaben für die drei Größen sind durch Schrägstriche voneinander getrennt. Steht nur eine Angabe, gilt sie für alle Größen.

Material

- Lana Grossa Lace Seta (70 % Alpaka, 30 % Seide, Lauflänge ca. 250 m/50 g): 50 g Rot
- Nadelspiel 2,5 mm

Rippenmuster: 1 Masche rechts, 1 Masche links im Wechsel stricken.

Ajourmuster A: Nach Strickschrift A stricken. Es sind nur ungerade Runden/Reihen gezeichnet, in den geraden Runden/Reihen die Maschen stricken, wie sie erscheinen. Mit den 35 Maschen vor dem Mustersatz beginnen, dann den Mustersatz von 7 Maschen 2-mal/3-mal/5-mal arbeiten und mit den 7 Maschen nach dem Mustersatz die Runde beenden. Die 1.–74. Runde 1-mal stricken.

Ajourmuster B: Nach Strickschrift B stricken. Es sind nur ungerade Runden/Reihen gezeichnet, in den geraden Runden/Reihen die Maschen stricken, wie sie erscheinen. Mit den 7 Maschen vor dem Mustersatz beginnen, dann den Mustersatz von 7 Maschen 2-mal/3-mal/5-mal arbeiten und danach mit den 35 Maschen nach dem Mustersatz die Runde beenden. Die 1.–74. Runde 1-mal stricken.

Maschenproben: Im Ajourmuster A und B 30 Maschen und 46 Runden = 10 x 10 cm

So wird's gemacht

Linke Stulpe

56/62/76 Maschen anschlagen, die Maschen auf vier Nadeln verteilen (= 14-14-14-14/15-16-15-16/19-19-19-19 Maschen) und zur Runde schließen. 6,5 cm = 29 Runden im Rippenmuster stricken. Dann im Ajourmuster A weiterarbeiten, dabei in der 1. Runde 0/1/1 Masche zunehmen (= 56/63/77 Maschen).

In 17 cm Gesamthöhe für die Daumenöffnung die Arbeit am Rundenbeginn teilen und 4 cm in Reihen stricken, danach wieder in Runden weiterarbeiten. In 22,5 cm Gesamthöhe noch 2 cm = 7 Runden im Rippenmuster stricken, dabei in der 1. Runde 0/1/1 Masche abnehmen (= 56/62/76 Maschen). Danach alle Maschen abketten.

Rechte Stulpe

Wie die linke Stulpe stricken, jedoch nach Ajourmuster B arbeiten.

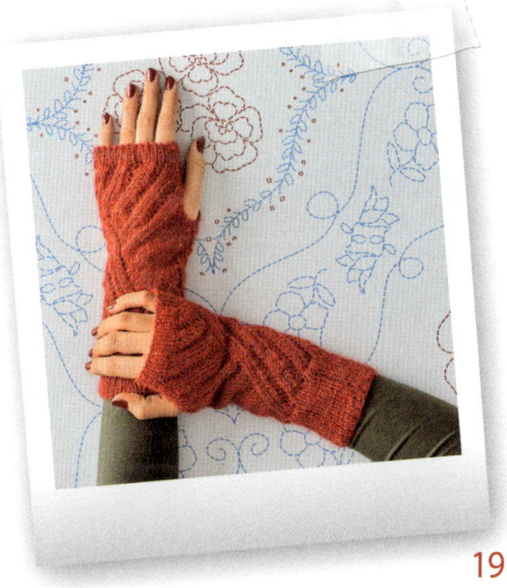

Strickschrift A

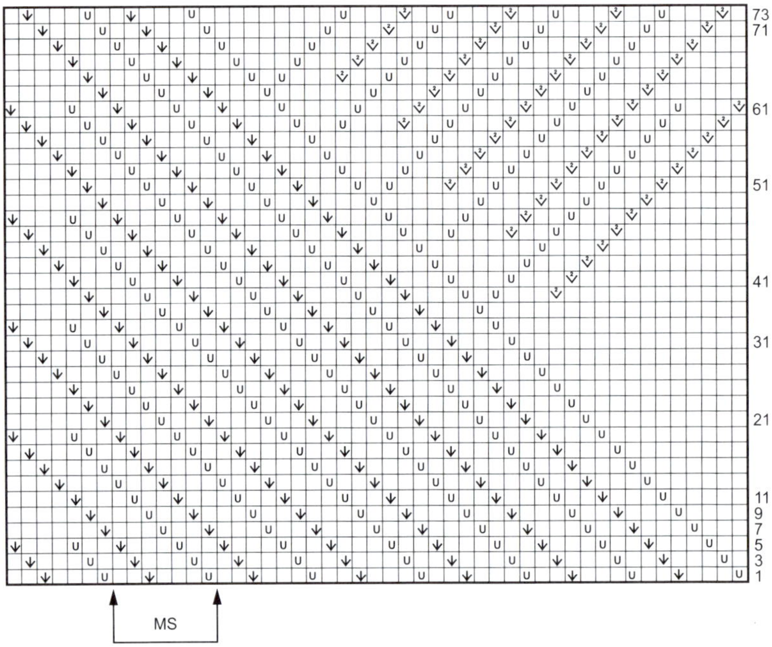

Strickschrift B

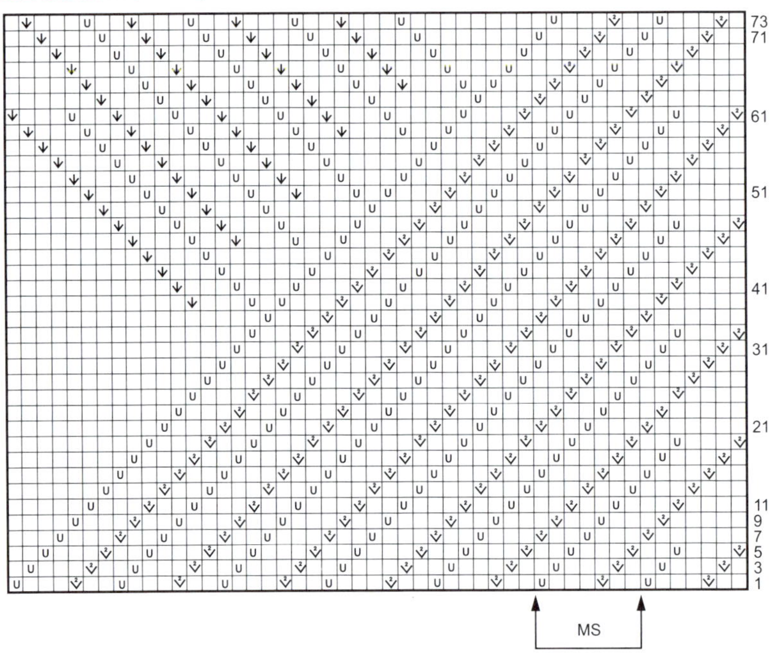

Zeichenerklärung

□ = 1 Masche rechts

U = 1 Umschlag

2 Maschen rechts zusammenstricken

2 Maschen rechts überzogen zusammenstricken (= 1 Masche wie zum Rechtsstricken abheben, 1 Masche rechts stricken, dann die abgehobene Masche überziehen)

MS = Mustersatz

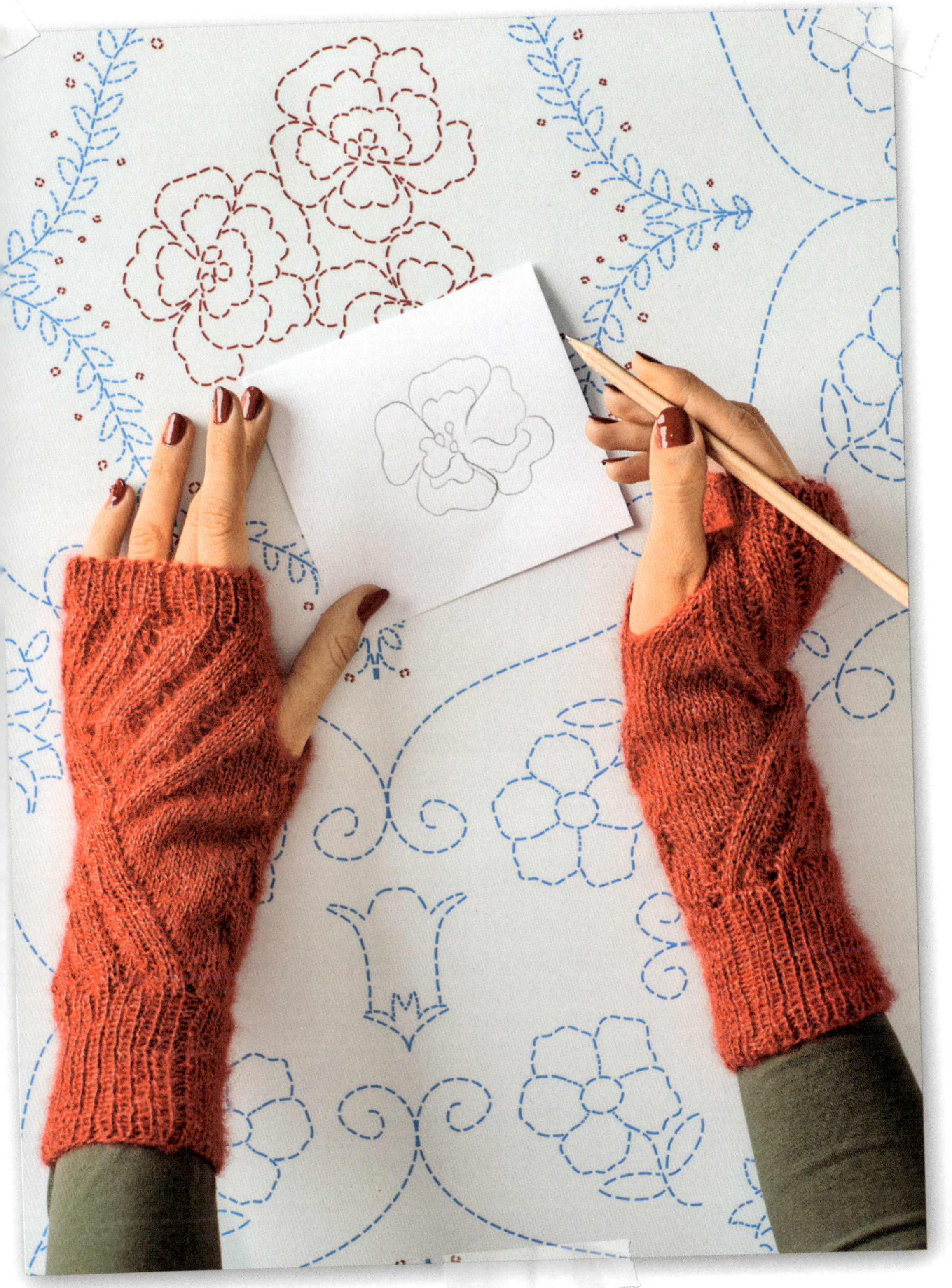

VERZOPFT

Armstulpen mit Zopf ✱✱☆

Größe

18/21/23 cm Umfang, ca. 21,5 cm fertige Länge
Die Angaben für die drei Größen sind durch Schrägstriche voneinander getrennt. Steht nur eine Angabe, gilt sie für alle Größen.

Material

- Lana Grossa Cashmere 16 Fine (80 % Schurwolle, 10 % Kaschmir, 10 % Polyamid, Lauflänge ca. 320 m/50 g): je 50 g Hellgrau und Anthrazit
- Rundstricknadel 4,0 mm
- Nadelspiel 4,0 mm
- Zopf- oder Hilfsnadel
- evtl. Maschenmarkierer

Rippenmuster A: 2 Maschen rechts, 2 Maschen links im Wechsel stricken.

Rippenmuster B: 1 Masche rechts, 1 Masche links im Wechsel stricken.

Glatt rechts: In Hinreihen rechte Maschen, in Rückreihen linke Maschen stricken.

Zopf A und B über je 12 Maschen: Für die rechte Stulpe nach Strickschrift A und für die linke Stulpe nach Strickschrift B arbeiten. Es sind nur Hinreihen gezeichnet, in den Rückreihen die Maschen stricken, wie sie erscheinen. Die 1.–10. Reihe stets wiederholen.

Maschenproben: Glatt rechts 27 Maschen und 42 Reihen = 10 x 10 cm; im Zopfmuster A und B 12 Maschen und 42 Reihen = 3 x 10 cm

So wird's gemacht

Die Stulpen werden in Reihen gestrickt, nur der Daumen wird in Runden gearbeitet.

Rechte Stulpe

Mit der Rundstricknadel 25/29/32 Maschen in Hellgrau und 24/29/32 Maschen in Anthrazit anschlagen (= 50/58/64 Maschen). Für den Bund 4 cm = 15 Reihen im Rippenmuster A stricken, dabei in der 1. Reihe (= Rückreihe) mit 1 Randmasche, 1 Masche links, 2 Maschen rechts, 2 Maschen links beginnen und gegengleich enden. Die einzelnen Farbflächen mit separaten Knäueln stricken und beim Farbwechsel die Fäden auf der Rückseite der Arbeit miteinander verkreuzen (Intarsientechnik). Dann die Maschen wie folgt einteilen: Randmasche, 18/22/25 Maschen glatt rechts, 12 Maschen Zopf A, 18/22/25 Maschen glatt rechts, Randmasche. Die Farbeinteilung fortsetzen.

Nach 7 cm = 30 Reihen ab Bund für den Daumenkeil die 41. (47./52.) Masche markieren

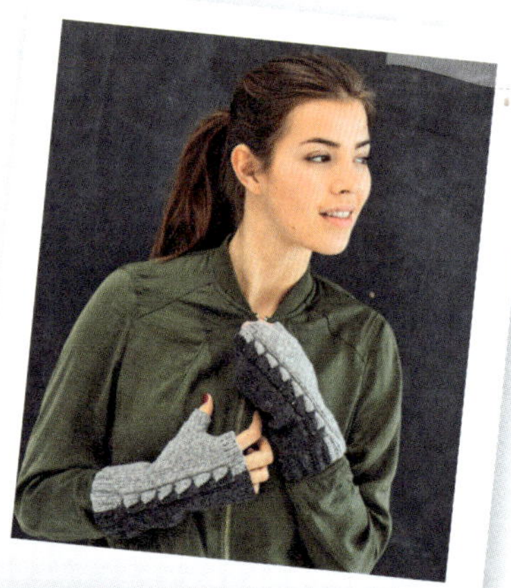

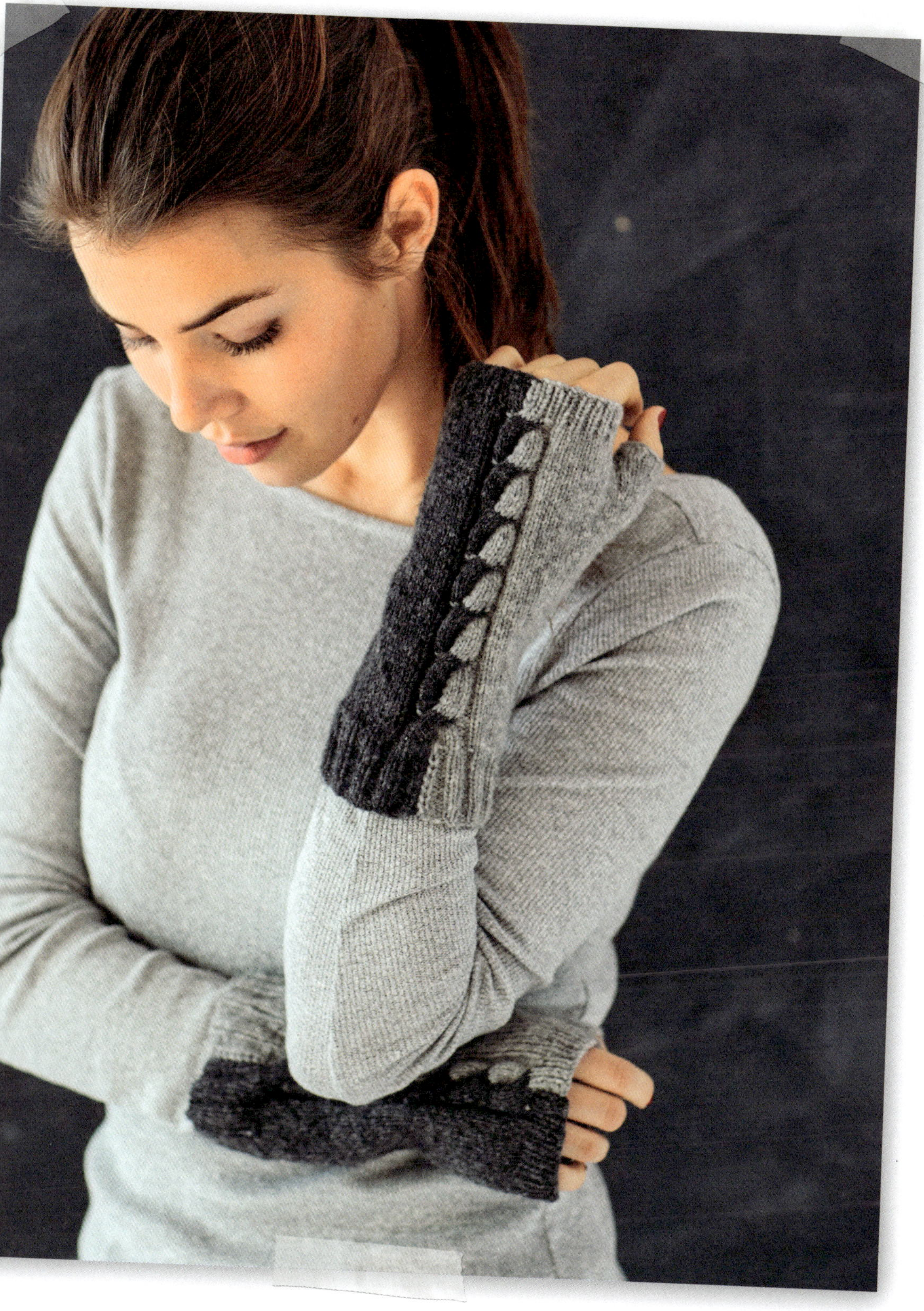

und beidseitig der markierten Masche je 1 Masche rechts verschränkt aus dem Querfaden herausstricken (= 3 Maschen Daumenkeil). Die folgenden Zunahmen wie folgt stricken: In der folgenden 4./6./6. Reihe vor und nach den Daumenkeilmaschen je 1 Masche rechts verschränkt aus dem Querfaden herausstricken. Dann 5-mal/6-mal/7-mal in jeder 4. Reihe vor und nach den Daumenkeilmaschen je 1 Masche rechts verschränkt aus dem Querfaden herausstricken (= 15/17/19 Daumenkeilmaschen). Die Zahl der Daumenkeilmaschen erhöht sich bei jeder Zunahme um 2 Maschen. Die Maschen stilllegen.

Dann über den stillgelegten Daumenkeilmaschen für den Daumensteg 5/7/9 Maschen dazu anschlagen und 2 Reihen stricken, über die Maschen des Daumenstegs ebenfalls glatt rechts stricken. In der folgenden Hinreihe die 1. Stegmasche mit der Masche davor rechts überzogen zusammenstricken (= 1 Masche wie zum Rechtsstricken abheben, 1 Masche rechts stricken, dann die abgehobene Masche überziehen) und die letzte Stegmasche mit der Masche danach rechts zusammenstricken. Diese Abnahme in jeder 2. Reihe ebenso arbeiten, bis nur noch 1 Masche des Stegs übrig ist (= 50/58/64 Maschen). Nach 16,5 cm = 70 Reihen ab Bund im Rippenmuster B weiterarbeiten. In 21,5 cm Gesamthöhe die Maschen abketten.

Für den Daumen die stillgelegten 15/17/19 Keilmaschen auf eine Spielnadel nehmen, 5/7/9 Maschen aus dem Steg in der Farbe des Stegs auffassen (= 20/24/28 Maschen). Die Maschen auf drei Nadeln verteilen (= 7-7-6/8-8-8/9-9-10 Maschen) und glatt rechts stricken. Die Stegmaschen wie beschrieben abnehmen, bis nur noch 1 Masche des Stegs übrig ist (= 21/25/29 Maschen). In Höhe des Fingergelenks alle Maschen abketten.

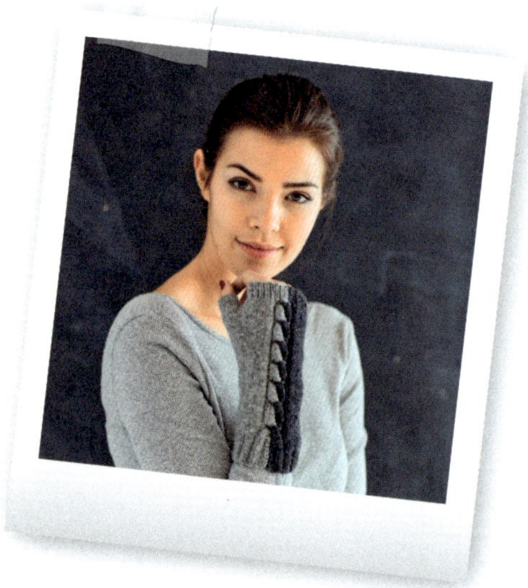

Linke Stulpe

Gegengleich zur rechten Stulpe arbeiten, also die Farbeinteilung und den Zopf B stricken, für den Daumenkeil die fünftletzte Masche der 1. Nadel markieren.

Fertigstellung

Naht schließen.

Strickschrift A

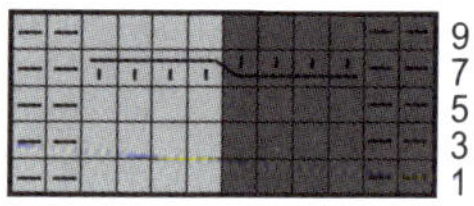

Strickschrift B

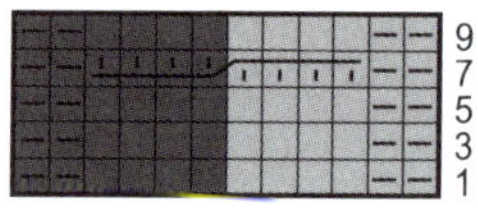

Zeichenerklärung

= Hellgrau

= Anthrazit

= 1 Masche rechts

= 1 Masche links

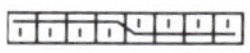 = 4 Maschen auf eine Hilfsnadel vor die Arbeit legen, 4 Maschen rechts stricken, dann die Maschen der Hilfsnadel rechts stricken

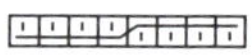 = 4 Maschen auf eine Hilfsnadel hinter die Arbeit legen, 4 Maschen rechts stricken, dann die Maschen der Hilfsnadel rechts stricken

WOLKIG ZART

Armstulpen mit Lacemanschette ✱✱☆

Größe

16/18/19,5 cm Handumfang und 20/20/25,5 cm Umfang am Stulpenbeginn, ca. 26/27,5/28,5 cm fertige Länge

Die Angaben für die drei Größen sind durch Schrägstriche voneinander getrennt. Steht nur eine Angabe, gilt sie für alle Größen.

Material

- Lana Grossa Lace Merino (100 % Schurwolle, Lauflänge ca. 400 m/50 g): 50 g Mint
- Nadelspiel 3,5 mm
- evtl. Maschenmarkierer

Glatt rechts: In Runden stets rechte Maschen stricken.

Ajourmuster: Maschenzahl teilbar durch 14. Nach der Strickschrift stricken. Es sind nur ungerade Runden gezeichnet, in den geraden Runden Maschen und Umschläge rechts stricken. Den Mustersatz von 14 Maschen zwischen den Pfeilen 4-mal/4-mal/5-mal arbeiten, dabei die 1. Abnahme in der 13. Runde mit der letzten Masche der 12. Runde und der 1. Masche der 13. Runde arbeiten. Die 1.–24. Runde 1-mal arbeiten, dann die 21.–24. Runde noch 2-mal wiederholen (= 32 Runden).

Lochmuster: Maschenzahl teilbar durch 2.

1. Runde: * 2 Maschen rechts zusammenstricken, 1 Umschlag, ab * stets wiederholen.

2. Runde: Alle Maschen und Umschläge rechts stricken.

Maschenproben: Glatt rechts zweifädig 27,5 Maschen und 40 Runden = 10 x 10 cm; im Ajourmuster einfädig 25,5 Maschen und 34 Runden = 10 x 10 cm

So wird's gemacht

Rechte Stulpe

56/56/70 Maschen einfädig anschlagen, die Maschen auf vier Nadeln verteilen (= 14-14-14-14/14-14-14-14/17-18-17-18 Maschen) und zur Runde schließen. Die Maschen der Handfläche sind auf der 1. und 2. Nadel, die Maschen des Handrückens auf der 3. und 4. Nadel. Zunächst 1 Runde linke Maschen stricken. Dann 32 Runden im Ajourmuster arbeiten. Nun glatt rechts zweifädig weiterarbeiten. Für die Abnahmen in Größe 16 gleichmäßig verteilt in der 8. Runde 4 M und 2x in jeder 6. Reihe je 4 M abnehmen = 56 M - 12 M = 44 M. Für Größe 18 in der 20. Runde 6 M abnehmen = 56 M - 6 M = 50 M. Für Größe 19,5 insgesamt 4x in jeder 5. R je 4 M abnehmen =

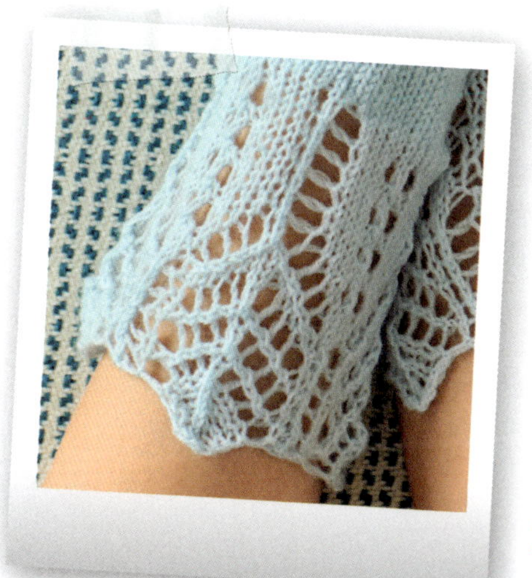

70 M - 16 M = 54 M.

In der 3. Runde ab der letzten Abnahme für den Daumenkeil die 4. Masche der 1. Nadel markieren und beidseitig der markierten Masche je 1 Masche rechts verschränkt aus dem Querfaden herausstricken (= 3 Maschen Daumenkeil). Die folgenden Zunahmen wie folgt stricken: * In der folgenden 4. Runde vor und nach den Daumenkeilmaschen je 1 Masche rechts verschränkt aus dem Querfaden herausstricken, ab * 6-mal/7-mal/8-mal arbeiten (= 15/17/19 Daumenkeilmaschen). Die Zahl der Daumenkeilmaschen erhöht sich bei jeder Zunahme um 2 Maschen. Diese Maschen stilllegen.

Dann über den stillgelegten Daumenkeilmaschen für den Daumensteg 7/7/9 Maschen dazu anschlagen und 1 Runde glatt rechts stricken, auch über die Maschen des Daumenstegs. In der folgenden Runde die 1. Stegmasche mit der Masche davor rechts überzogen zusammenstricken (= 1 Masche wie zum Rechtsstricken abheben, 1 Masche rechts stricken, dann die abgehobene Masche überziehen) und die letzte Stegmasche mit der Masche danach rechts zusammenstricken. Diese Abnahme in jeder Runde ebenso arbeiten, bis nur noch 1 Masche des Stegs übrig ist (= 44/50/54 Maschen). Noch weitere 3 cm = 12 Runden glatt rechts stricken, dann 2 Runden Lochmuster stricken. Die Maschen rechts abketten.

Für den Daumen die stillgelegten 15/17/19 Keilmaschen auf eine Nadel nehmen, 7/7/9 Maschen aus dem Steg auffassen (= 22/24/28 Maschen). Die Maschen auf drei Nadeln verteilen (= 7-7-8/8-8-8/9-9-10 Maschen). Glatt rechts zweifädig stricken. Die Stegmaschen wie beschrieben abnehmen, bis nur noch 1 Masche des Stegs übrig ist (= 16/18/20 Maschen). 0,5 cm vor dem Daumengelenk 2 Runden Lochmuster stricken. Dann die Maschen rechts abketten.

Linke Stulpe

Gegengleich zur rechten Stulpe arbeiten (Handfläche: 3. und 4. Nadel, Handrücken: 1 und 2. Nadel) und für den Daumenkeil die viertletzte Masche der 4. Nadel markieren.

Fertigstellung

Das Ajourmuster spannen, leicht anfeuchten und trocknen lassen.

Strickschrift

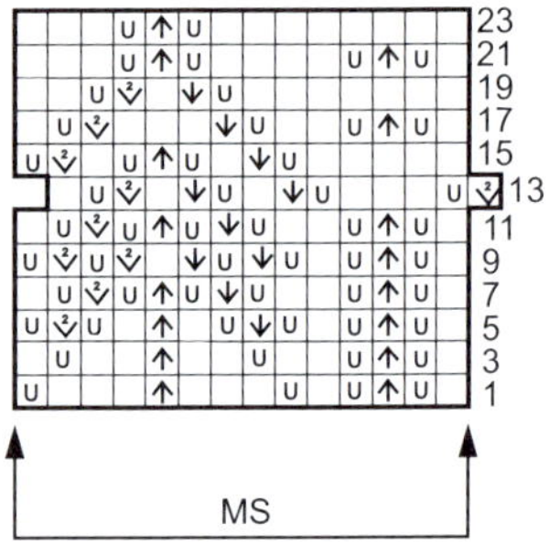

Zeichenerklärung

☐ = 1 Masche rechts

U = 1 Umschlag

= 2 Maschen rechts zusammenstricken

= 2 Maschen rechts überzogen zusammenstricken (= 1 Masche wie zum Rechtsstricken abheben, 1 Masche rechts stricken, dann die abgehobene Masche überziehen)

= 3 Maschen mit oben aufliegender Mittelmasche rechts zusammenstricken (= 2 Maschen zusammen wie zum Rechtsstricken abheben, 1 Masche rechts stricken, dann die abgehobenen Maschen zusammen überziehen)

MS = Mustersatz

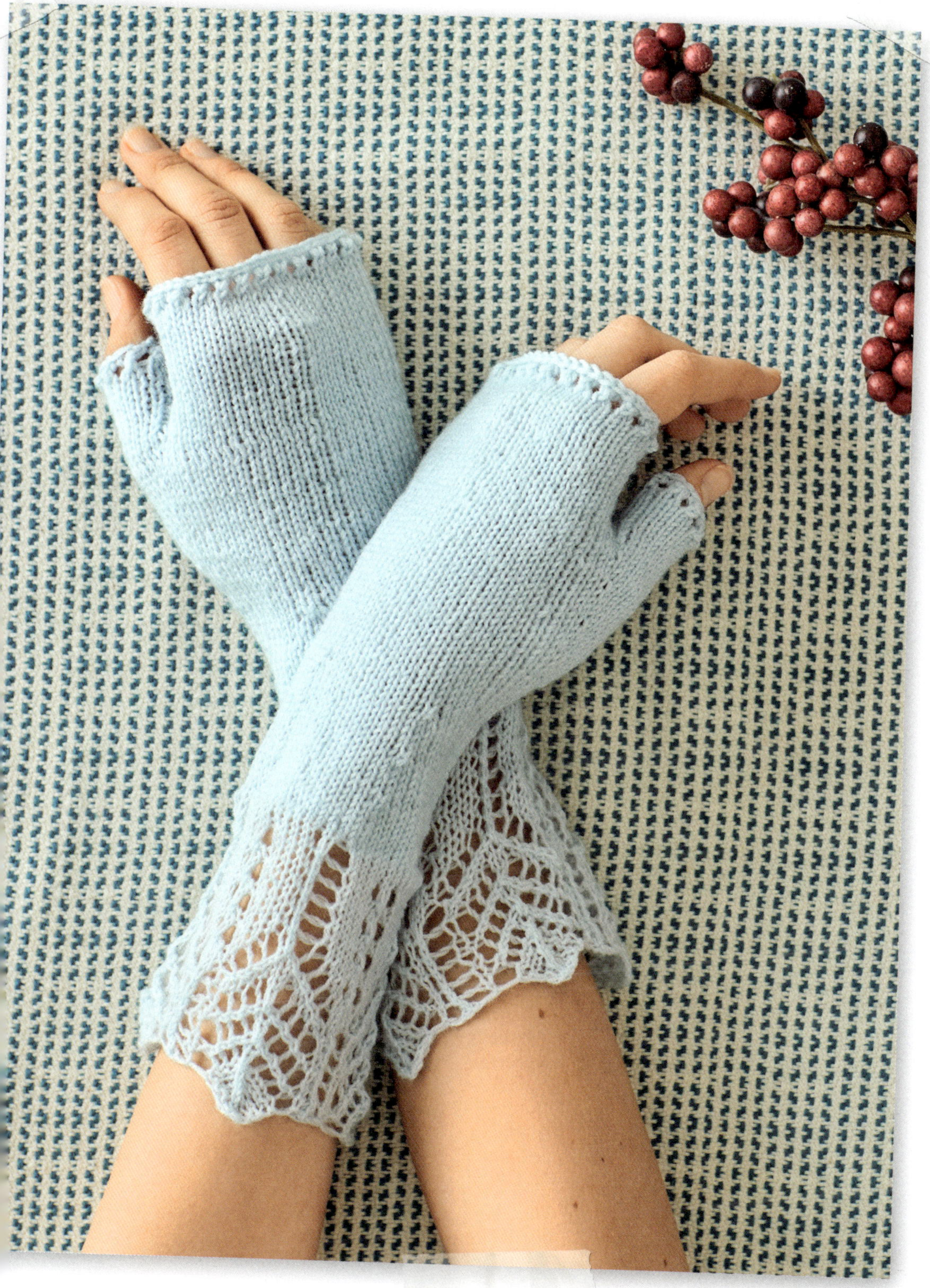

FRÖHLICH FRISCH

Kinder- und Damenstulpen mit Herz und Stern ✱✱☆

Größe

16/18,5/21/23/25,5 cm Umfang, ca. 15,5/18/18/18/18 cm fertige Länge.

Die Angaben für eine Kindergröße und vier Damengrößen sind durch Schrägstriche voneinander getrennt, dabei stehen die Angaben für die Kindergröße vor dem ersten Schrägstrich. Steht nur eine Angabe, gilt sie für alle Größen.

Material

- Lana Grossa Cool Wool (100 % Schurwolle, Lauflänge ca. 160 m/50 g): 50 g Zyklam (Steingrau) und jeweils ein Rest Weiß (Weiß) und Steingrau (Zyklam)
- Nadelspiel 3,0 mm
- Häkelnadel 3,0 mm
- evtl. Maschenmarkierer

Hinweis: Aus je 50 g pro Farbe können beide Stulpen gestrickt werden.

Glatt rechts: In Runden stets rechte Maschen stricken.

Kraus rechts: In Runden 1 Runde linke Maschen, 1 Runde rechte Maschen im Wechsel stricken.

Mäusezähnchen und Lochmuster:

1. Runde: * 2 Maschen rechts zusammenstricken, 1 Umschlag, ab * stets wiederholen.

2. Runde: Alle Maschen und Umschläge rechts stricken.

Jacquardmuster A: Maschenzahl teilbar durch 6. Nach Strickschrift A stricken. Es sind alle Runden gezeichnet. Den Mustersatz von 6 Maschen stets wiederholen. Die 1.–5. Runde 1-mal arbeiten.

Jacquardmuster B: Maschenzahl teilbar durch 2. Nach Strickschrift B stricken. Es sind alle Runden gezeichnet. Den Mustersatz von 2 Maschen stets wiederholen und die 1. und 2. Runde 1-mal arbeiten.

Musterfolge: 1 Runde glatt rechts, 4 Runden kraus rechts, 2 Runden Lochmuster, 1 Runde glatt rechts, 4 Runden kraus rechts.

Maschenprobe: Glatt rechts 26 Maschen und 37 Runden = 10 x 10 cm

So wird's gemacht

Rechte Stulpe

42/48/54/60/66 Maschen in Steingrau (Weiß) anschlagen, die Maschen auf vier Nadeln verteilen (= 10-11-10-11/12-12-12-12/13-14-13-14/15-15-15-15/16-17-16-17 Maschen) und zur Runde schließen. Die Maschen der Handfläche sind auf der 1. und 2. Nadel, die Maschen des Handrückens auf der 3. und 4. Nadel. 3 Runden glatt rechts stricken. Dann für die Bruchkante 2 Runden Mäusezähnchen stricken. Anschließend in Zyklam (Steingrau) weiterarbeiten. 12 Runden in der Musterfolge stricken. Danach 2 Runden glatt rechts, 5 Runden Jacquardmuster A und anschließend wieder glatt rechts in Zyklam (Steingrau) weiterarbeiten.

Nach 3,5/6/6/6/6 cm = 19/23/23/23/23 Runden ab Bruchkante für den Daumenkeil die 4. Masche der 1. Nadel markieren und beidseitig der mar-

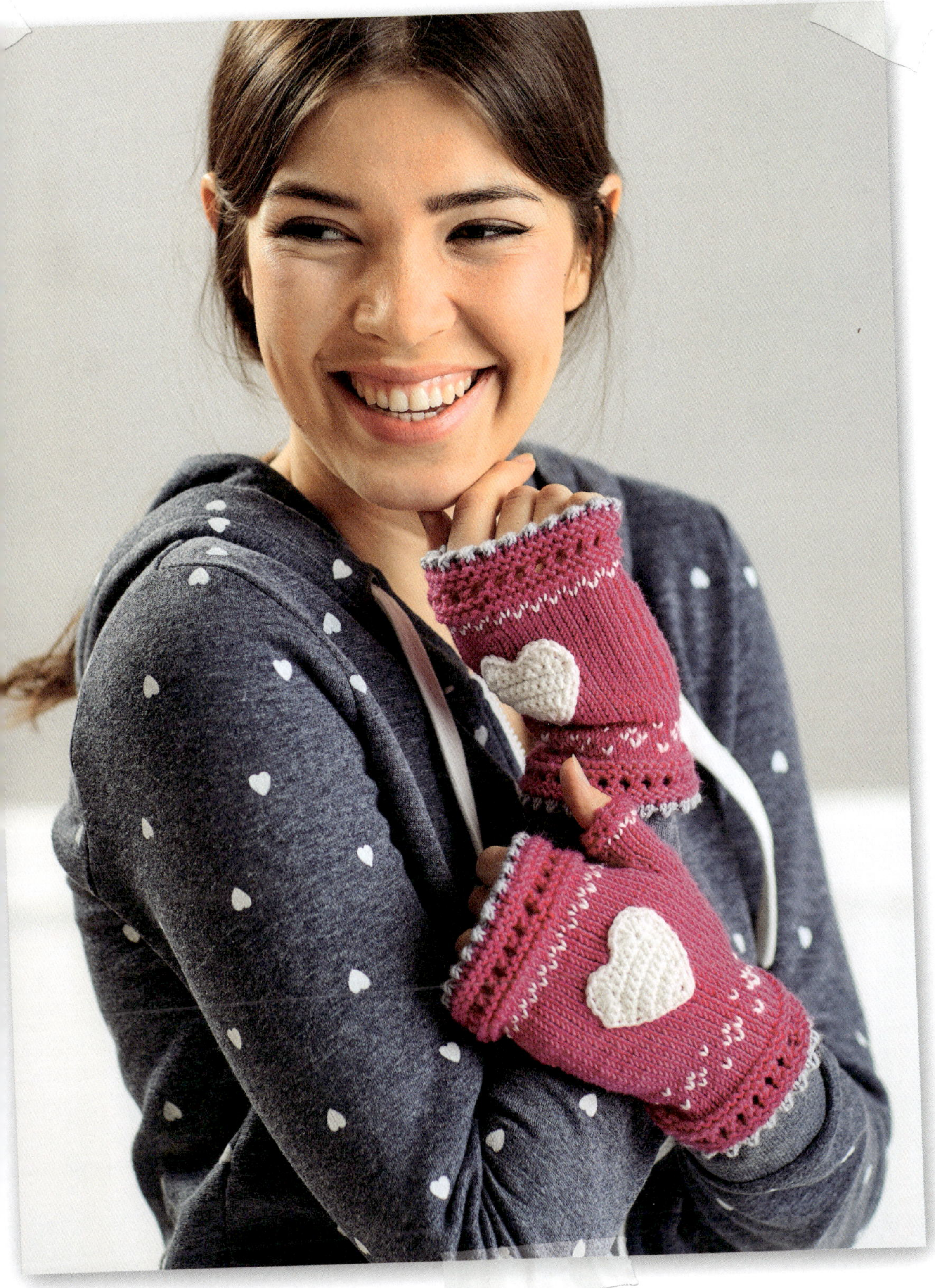

kierten Masche je 1 Masche rechts verschränkt aus dem Querfaden herausstricken (= 3 Maschen Daumenkeil). Die folgenden Zunahmen wie folgt stricken: * In der folgenden 4. Runde vor und nach den Daumenkeilmaschen jeweils 1 Masche rechts verschränkt aus dem Querfaden herausstricken, ab * 5-mal/6-mal/7-mal/7-mal/8-mal arbeiten (= 13/15/17/17/19 Daumenkeilmaschen). Die Zahl der Daumenkeilmaschen erhöht sich bei jeder Zunahme um 2 Maschen. Die Maschen stilllegen. Dann über den stillgelegten Daumenkeilmaschen für den Daumensteg 5/7/9/9/11 Maschen dazu anschlagen und 1 Runde glatt rechts stricken, über die Maschen des Daumenstegs ebenfalls glatt rechts in Zyklam (Steingrau) stricken. In der folgenden Runde die 1. Stegmasche mit der Masche davor rechts überzogen zusammenstricken (= 1 Masche wie zum Rechtsstricken abheben, 1 Masche rechts stricken, dann die abgehobene Masche überziehen) und die letzte Stegmasche mit der Masche danach rechts zusammenstricken. Diese Abnahme in jeder Runde ebenso arbeiten, bis nur noch 1 Masche des Stegs übrig ist (= 42/48/54/60/66 Maschen). Anschließend 2 Runden Jacquardmuster B, dann 2 Runden glatt rechts und danach 12 Runden in der Musterfolge und 1 Runde glatt rechts stricken. Nun in Steingrau (Weiß) weiterarbeiten und für die Bruchkante 2 Runden Mausezähnchen, danach noch 3 Runden glatt rechts stricken. Die Maschen abketten.

Für den Daumen die stillgelegten 13/15/17/17/19 Keilmaschen auf eine Spielnadel nehmen, 5/7/9/9/11 Maschen aus dem Steg auffassen (= 18/22/26/26/30 Maschen). Die Maschen auf drei Nadeln verteilen (= 6-6-6/7-7-8/8-9-9/8-9-9/10-10-10 Maschen). Glatt rechts in Zyklam (Steingrau) stricken. Die Stegmaschen wie beschrieben abnehmen, bis nur noch 1 Masche des Stegs übrig ist (= 14/16/18/18/20 Maschen). Anschließend 2 Runden Jacquardmuster B stricken und danach noch 3 Runden kraus rechts in Zyklam (Steingrau), dann alle Maschen abketten.

Linke Stulpe

Gegengleich zur rechten Stulpe arbeiten (Handfläche: 3. und 4. Nadel, Handrücken: 1 und 2. Nadel) und für den Daumenkeil die viertletzte Masche der 4. Nadel markieren.

Herz (2-mal)

In Weiß mit Häkelnadel 3,0 mm 2 Luftmaschen anschlagen.

1. Reihe (= Hinreihe): 1 feste Masche in die 2. Luftmasche ab Nadel häkeln (= 1 feste Masche). Nun 8 Reihen feste Maschen häkeln, dabei 4-mal in jeder Reihe und 1-mal in der folgenden 2. Reihe beidseitig je 1 Masche zunehmen, dafür in die 1. bzw. letzte Masche je 2 feste Maschen häkeln (= 11 feste Maschen).

10. Reihe (= Rückreihe): 1 Luftmasche, 1 feste Masche, 1 Masche überspringen, 5 Stäbchen in die nächste Masche häkeln, 1 Masche überspringen, 1 feste Masche, 1 Kettmasche, 1 feste Masche, 1 Masche überspringen, 5 Stäbchen in die nächste Masche, 1 Masche überspringen, 1 feste Masche. Dann den äußeren Rand des Herzens mit 1 Runde feste Maschen umhäkeln. Arbeit beenden.

Stern (2-mal)

In Weiß mit Häkelnadel 3,0 mm die 1.–4. Runde gemäß Häkelschrift um einen verstellbaren Fadenring arbeiten, dabei die 4. Runde in Zyklam häkeln.

Fertigstellung

Den oberen und unteren Stulpenrand jeweils an der Bruchkante nach innen umschlagen und festnähen. Die Herzen bzw. die Sterne jeweils mittig auf die Handrücken nähen.

Zeichenerklärung

☐ = 1 Masche Grundfarbe

☒ = 1 Masche in Weiß (Zyklam)

◯ = Fadenring

∘ = 1 Luftmasche

ˇ = 1 Kettmasche

I = 1 feste Masche

T = 1 halbes Stäbchen

ǂ = 1 Stäbchen

ǂǂ = 1 Doppelstäbchen

MS = Mustersatz

Laufen die Zeichen unten zusammen, die Maschen in eine Einstichstelle arbeiten.

Häkelschrift Stern

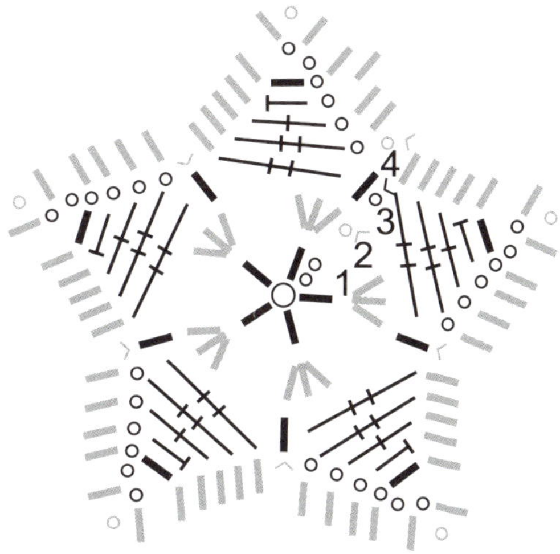

Strickschrift A

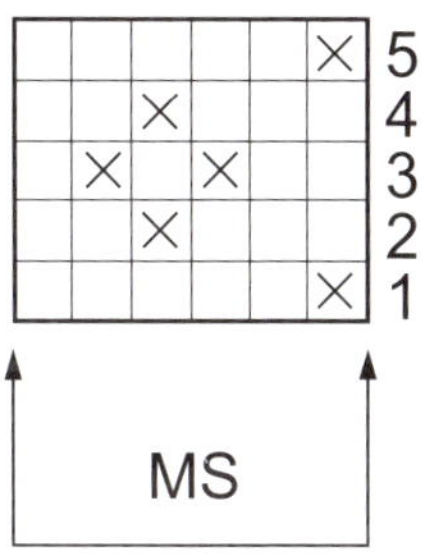

Strickschrift B

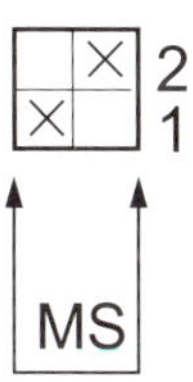

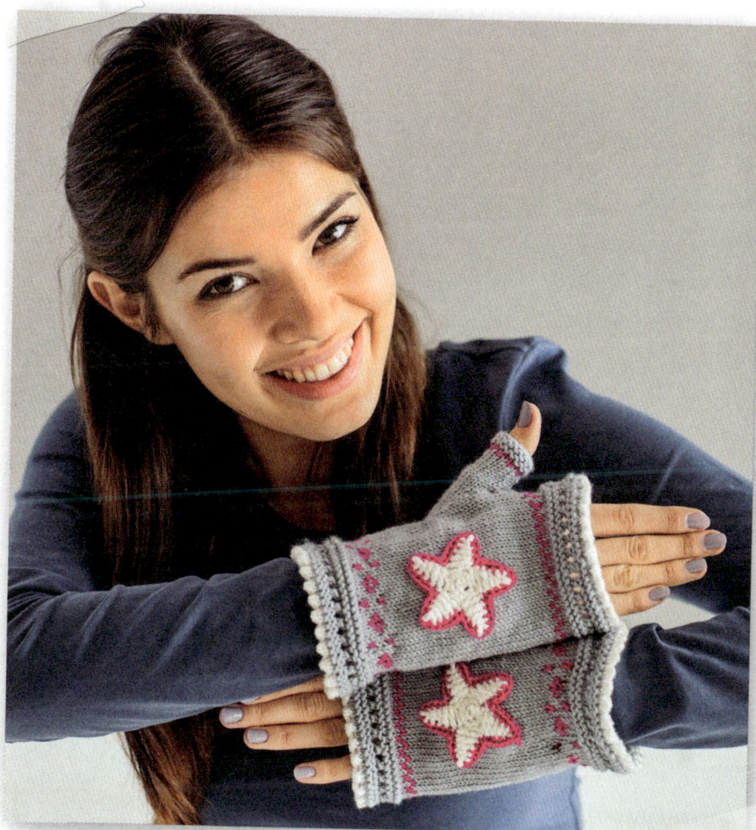

FARBSTARK

Armstulpen mit Ajourmuster und Farbverlauf ✱ ✱ ☆

Größe

17/20/23,5/26,5 cm Umfang, ca. 26,5 cm fertige Länge

Die Angaben für die vier Größen sind durch Schrägstriche voneinander getrennt. Steht nur eine Angabe, gilt sie für alle Größen.

Hinweis: Die Länge kann frei gewählt werden, am besten nach einer 31. Reihe enden.

Material

- Lang Yarns Mille Colori Baby (100 % Schurwolle, Lauflänge ca. 190 m/50 g): 50 g Türkis/Schwarz
- Rundstricknadel 3,0 mm

Ajourmuster: Maschenzahl teilbar durch 9 + 2 + 2 Randmaschen. Nach der Strickschrift stricken. Es sind Hin- und Rückreihen gezeichnet. Mit den 2 Maschen vor dem rechten Pfeil beginnen, den Mustersatz 5-mal/6-mal/7-mal/8-mal arbeiten und mit den 2 Maschen nach dem linken Pfeil enden. Die 1.–31. Reihe 1-mal stricken, dann die 2.–31. Reihe 2-mal wiederholen (= 91 Reihen).

Maschenprobe: Im Ajourmuster 28 Maschen und 34,5 Reihen = 10 x 10 cm

So wird's gemacht

Die Stulpen werden in Reihen gestrickt.

49/58/67/76 Maschen anschlagen und 1 Rückreihe linke Maschen stricken. Dann 91 Reihen im Ajourmuster stricken. Noch 1 Rückreihe linke Maschen stricken, dann alle Maschen rechts abketten. Die zweite Stulpe ebenso arbeiten.

Fertigstellung

Die Stulpen spannen, leicht anfeuchten und trocknen lassen. Die seitliche Naht jeweils schließen, dabei für den Daumenschlitz 4 cm vom oberen Rand 4 cm offen lassen.

Strickschrift A

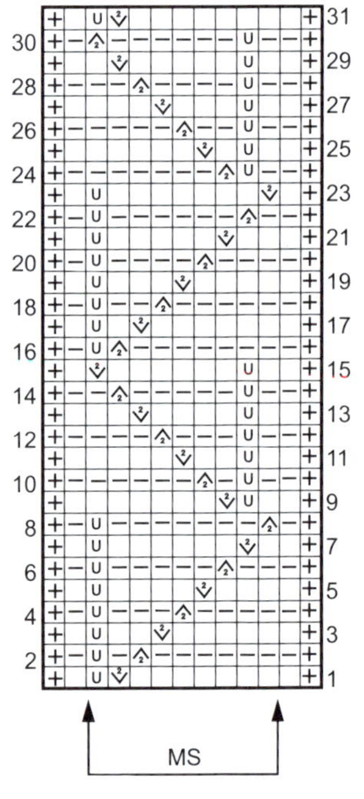

Zeichenerklärung

[+] = Randmasche

[ ] = 1 Masche rechts

[–] = 1 Masche links

[U] = 1 Umschlag

[2 re zus] = 2 Maschen rechts zusammenstricken

[2 li zus] = 2 Maschen links zusammenstricken

MS = Mustersatz

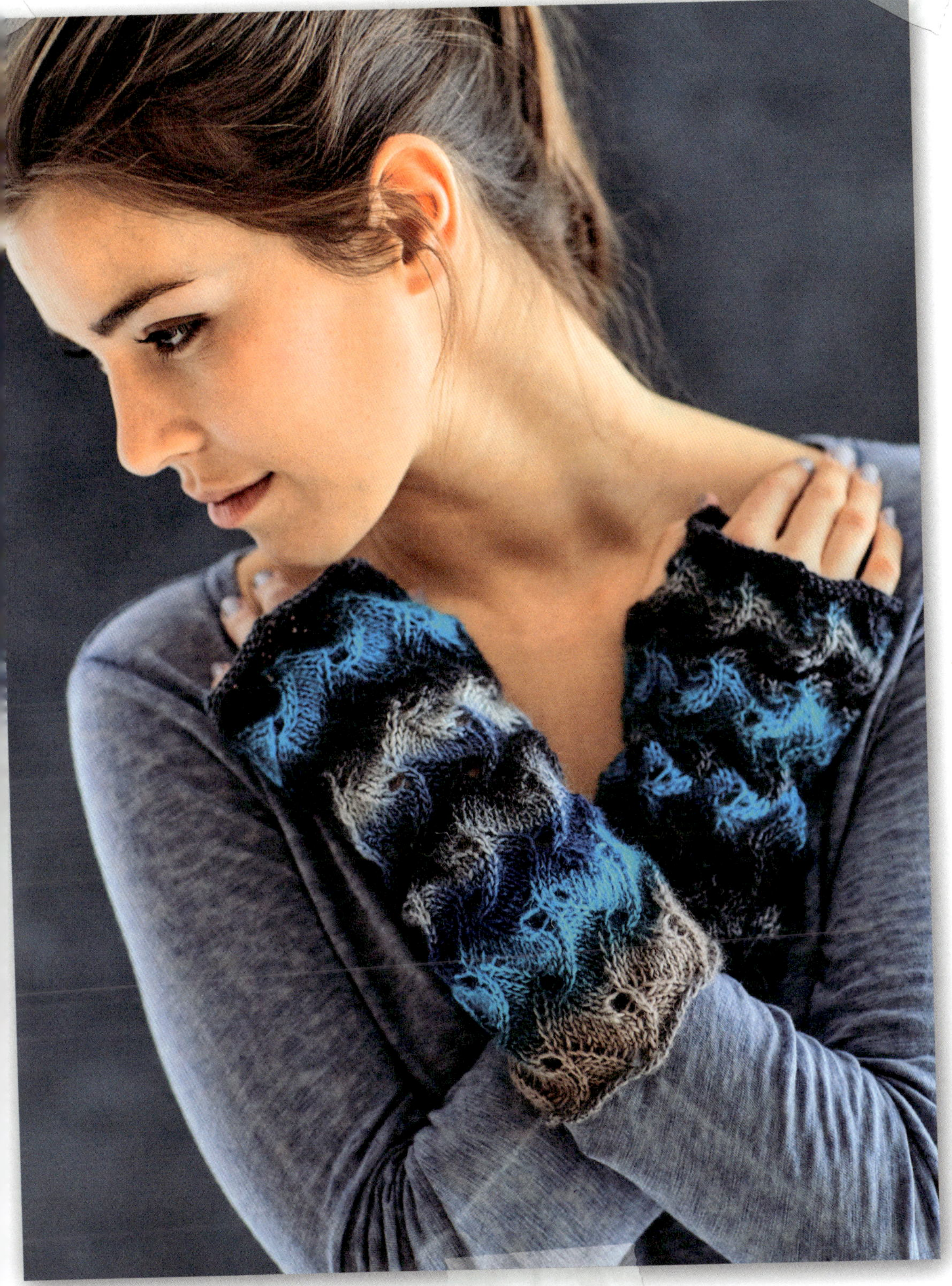

PASTELLIG

Armstulpen mit Pfauenmuster ✱✱☆

Größe

20/23,5/26,5 cm Umfang, ca. 22 cm fertige Länge
Die Angaben für die drei Größen sind durch Schrägstriche voneinander getrennt. Steht nur eine Angabe, gilt sie für alle Größen.

Material

- Lana Grossa Elastico (96 % Baumwolle, 4 % Polyester, Lauflänge ca. 160 m/50 g): je 50 g Hellgrau und Apricot
- Nadelspiel 3,5 mm

Glatt rechts: In Hinreihen rechte Maschen, in Rückreihen linke Maschen stricken, in Runden stets rechte Maschen stricken.

Kraus rechts: In Hin- und Rückreihen immer rechte Maschen stricken, in Runden 1 Runde rechte Maschen, 1 Runde linke Maschen im Wechsel stricken.

Jacquardmuster: Maschenzahl teilbar durch 8. Nach dem Zählmuster stricken. Es sind alle Reihen/Runden gezeichnet. Den Mustersatz von 8 Maschen zwischen den Pfeilen stets wiederholen. Die 1.–20. Reihe/Runde 1-mal stricken, dann die 15.–20. Reihe/Runde stets wiederholen.

Pfauenmuster: Maschenzahl teilbar durch 11. Nach der Strickschrift stricken. Es ist nur die 1. Runde gezeichnet, in der 2. Runde alle Maschen und Umschläge rechts stricken. Den Mustersatz von 11 Maschen zwischen den Pfeilen stets wiederholen. Die 1. und 2. Runde stets wiederholen.

Muster- und Streifenfolge: 2 Runden glatt rechts in Hellgrau, 53 Runden/Reihen Jacquardmuster, * 4 Runden Pfauenmuster in Hellgrau, 2 Runden kraus rechts in Apricot, ab * 2-mal arbeiten, ** 2 Runden Pfauenmuster in Hellgrau, 2 Runden kraus rechts in Apricot, ab ** 2-mal arbeiten (= 75 Runden).

Maschenprobe: In der Muster- und Streifenfolge 24 Maschen und 34 Runden = 10 x 10 cm

So wird's gemacht

Rechte Stulpe

48/56/64 Maschen in Apricot anschlagen, die Maschen gleichmäßig auf vier Nadeln verteilen (= 12/14/16 Maschen pro Nadel) und zur Runde schließen. 2 cm = 7 Runden glatt rechts stricken. Dann für die Bruchkante 2 Runden linke Maschen stricken. Anschließend in der Muster- und Streifenfolge weiterarbeiten.

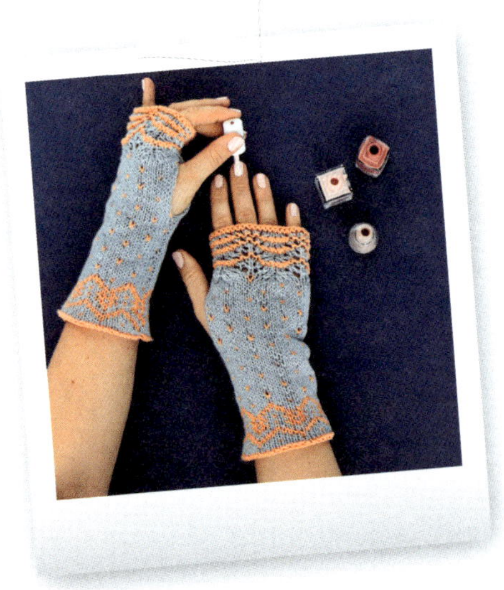

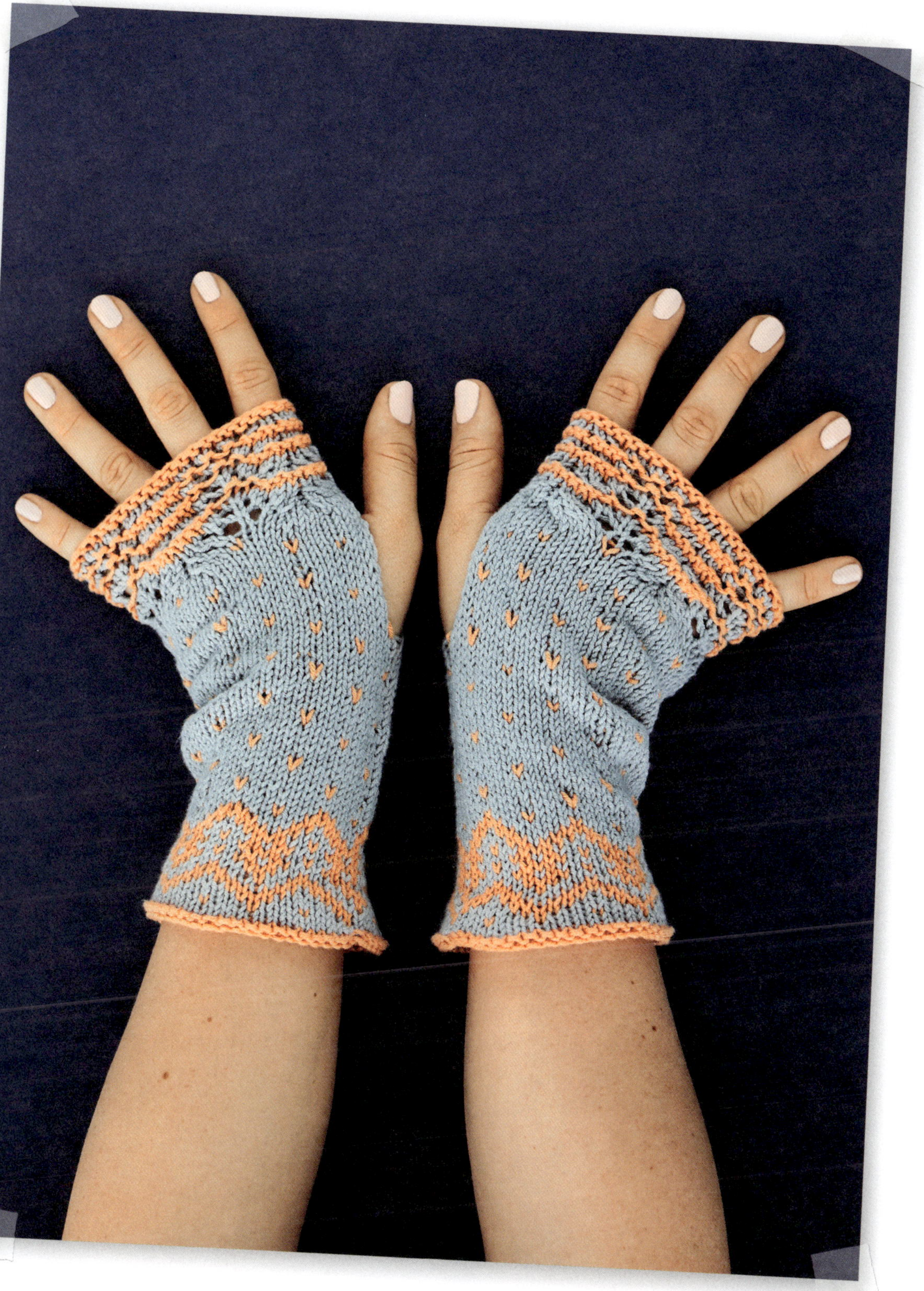

Nach 11 cm = 38 Runden ab Bruchkante die Arbeit am Rundenbeginn für die Daumenöffnung teilen und in Reihen weiterstricken. Nach 4 cm = 14 Reihen wieder in Runden weiterarbeiten. In der 1. Runde des Pfauenmusters gleichmäßig verteilt 4 Maschen abnehmen/1 Masche abnehmen/2 Masche zunehmen (= 44/55/66 Maschen). Ist die Muster- und Streifenfolge 1-mal gearbeitet, alle Maschen in Apricot abketten.

Fertigstellung

An der Bruchkante nach innen umschlagen und festnähen.

Linke Stulpe

Wie die rechte Stulpe arbeiten.

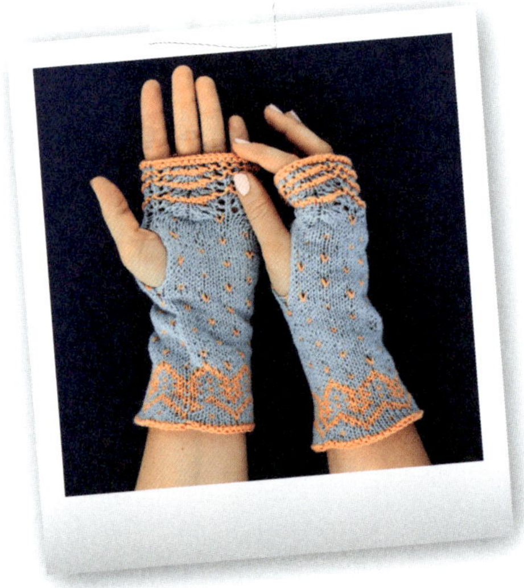

Zählmuster

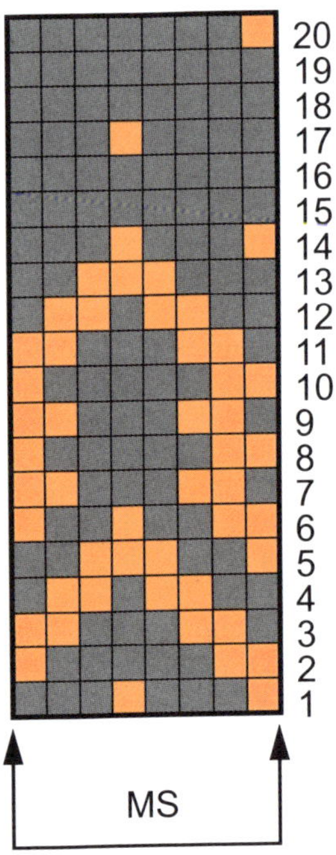

Strickschrift

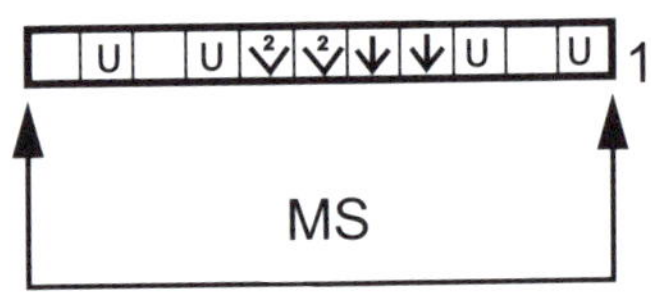

Zeichenerklärung

= Hellgrau

= Apricot

= 1 Masche rechts

U = 1 Umschlag

= 2 Maschen rechts zusammenstricken

= 2 Maschen rechts überzogen zusammenstricken (= 1 Masche wie zum Rechtsstricken abheben, 1 Masche rechts stricken, dann die abgehobene Masche überziehen)

MS = Mustersatz

HERZIG

Armstulpen mit Zopf und Herz ✱✱☆

Größe

18/20,5/22 cm Umfang, ca. 24 cm fertige Länge
Die Angaben für die drei Größen sind durch Schrägstriche voneinander getrennt. Steht nur eine Angabe, gilt sie für alle Größen.

Material

- Lang Yarns Magic Tweed (62 % Schurwolle, 18 % Polyamid, 10 % Viskose, 10 % Polyacryl, Lauflänge ca. 200 m/50 g): je 50 g Grau und Rot
- Nadelspiel 3,0 mm
- Zopf- oder Hilfsnadel
- evtl. Maschenmarkierer
- Sticknadel ohne Spitze

Rippenmuster: 2 Maschen rechts, 2 Maschen links im Wechsel stricken.

Glatt rechts: In Runden stets rechte Maschen stricken.

Zopfmuster über 34 Maschen: Nach der Strickschrift stricken. Es sind nur Hinreihen gezeichnet, in den Rückreihen die Maschen stricken, wie sie erscheinen. Die 1.–24. Runde 2-mal und anschließend noch 1-mal die 1.–6. Runde arbeiten (= 54 Runden).

Maschenproben: Glatt rechts 28 Maschen und 43 Runden = 10 x 10 cm; im Zopfmuster 34 Maschen und 43 Runden = 8,5 x 10 cm

So wird's gemacht

Rechte Stulpe

60/68/72 Maschen anschlagen, die Maschen gleichmäßig auf vier Nadeln verteilen (= 15/17/18 Maschen pro Nadel) und zur Runde schließen. Die Maschen der Handfläche sind auf der 1. und 2. Nadel, die Maschen des Handrückens auf der 3. und 4. Nadel. Für den Bund 7,5 cm = 29 Runden im Rippenmuster stricken, dabei in der 1. Runde mit 1 Masche rechts, 2 Maschen links, 2 Maschen rechts beginnen und mit 1 Masche rechts enden. Dann die Maschen wie folgt einteilen: 25/32/36 Maschen glatt rechts, 34 Maschen Zopfmuster (dafür in der 1. Runde mittig 2 Maschen rechts verschränkt aus dem Querfaden herausstricken), 3/4/4 Maschen glatt rechts (= 62/70/74 Maschen).

In der 20./16./10. Runde ab Bund für den Daumenkeil die 4. Masche der 1. Nadel markieren und beidseitig der markierten Masche je 1 Masche aus dem Querfaden rechts verschränkt herausstricken = 3 Maschen Daumenkeil. Die folgenden Zunahmen wie folgt stricken: * In der folgenden 4. Runde vor und nach den Daumenkeilmaschen je 1 Masche rechts verschränkt aus dem Querfaden herausstricken, ab * 6-mal/7-mal/8-mal arbeiten (= 15/17/19 Daumenkeilmaschen). Die Zahl der Daumenkeilmaschen erhöht sich bei jeder Zunahme um 2 Maschen. Die Maschen stilllegen.

Dann über den stillgelegten Daumenkeilmaschen für den Daumensteg 7/7/9 Maschen dazu anschlagen und 1 Runde glatt rechts stricken, über die Maschen des Daumensteg ebenfalls glatt rechts stricken. In der folgenden Runde die

1. Stegmasche mit der Masche davor rechts überzogen zusammenstricken (= 1 Masche wie zum Rechtsstricken abheben, 1 Masche rechts stricken, dann die abgehobene Masche überziehen) und die letzte Stegmasche mit der Masche danach rechts zusammenstricken. Diese Abnahmen in jeder Runde ebenso arbeiten, bis nur noch 1 Masche des Stegs übrig ist. Dann in der folgenden Runde die Masche vor der letzten Stegmasche, die Stegmasche und die Masche nach der Stegmasche rechts überzogen zusammenstricken (= 2 Maschen zusammen wie zum Rechtsstricken abheben, 1 Masche rechts stricken, dann die abgehobenen Maschen zusammen überziehen) (= 62/70/74 Maschen). Nach 12,5 cm = 30 Runden ab Bund noch 3,5 cm = 13 Runden im Rippenmuster stricken. Die Maschen abketten, wie sie erscheinen.

Für den Daumen die stillgelegten 15/17/19 Keilmaschen auf eine Nadel nehmen, 7/7/9 Maschen aus dem Steg auffassen (= 22/24/28 Maschen). Die Maschen auf drei Nadeln verteilen (= 7-7-8/8-8-8/9-9-10 Maschen) und glatt rechts stricken. Die Stegmaschen wie beschrieben abnehmen, bis nur noch 1 Masche des Stegs übrig ist (= 21/25/27 Maschen). Auf Höhe des Fingergelenks die Maschen rechts abketten.

Linke Stulpe

Gegengleich zur rechten Stulpe arbeiten (Handfläche: 3. und 4. Nadel, Handrücken: 1 und 2. Nadel) und für den Daumenkeil die viertletzte Masche der 4. Nadel markieren.

Fertigstellung

In Rot laut Strickschrift im Maschenstich Herzen in das Zopfmuster sticken.

Zeichenerklärung

□ = 1 Masche rechts

⊟ = 1 Masche links

= 1 Masche auf eine Hilfsnadel vor die Arbeit legen, 1 Masche rechts stricken, dann die Masche der Hilfsnadel rechts stricken

= 1 Masche auf eine Hilfsnadel hinter die Arbeit legen, 1 Masche rechts stricken, dann die Masche der Hilfsnadel rechts stricken

= 2 Maschen auf eine Hilfsnadel vor die Arbeit legen, 1 Masche rechts stricken, dann die Maschen der Hilfsnadel rechts stricken

= 1 Masche auf eine Hilfsnadel hinter die Arbeit legen, 2 Maschen rechts stricken, dann die Masche der Hilfsnadel rechts stricken

= 5 Maschen auf eine Hilfsnadel vor die Arbeit legen, 5 Maschen links stricken, dann die Maschen der Hilfsnadel rechts stricken

= 5 Maschen auf eine Hilfsnadel hinter die Arbeit legen, 5 Maschen rechts stricken, dann die Maschen der Hilfsnadel links stricken

∧ = 1 Maschenstich über 1 Masche und 1 Reihe in Rot

Strickschrift

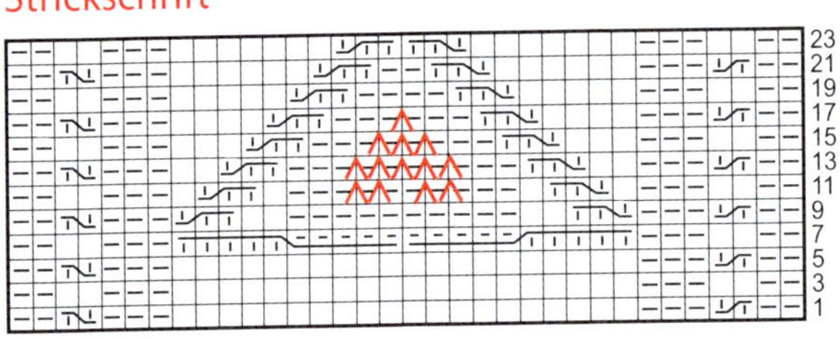

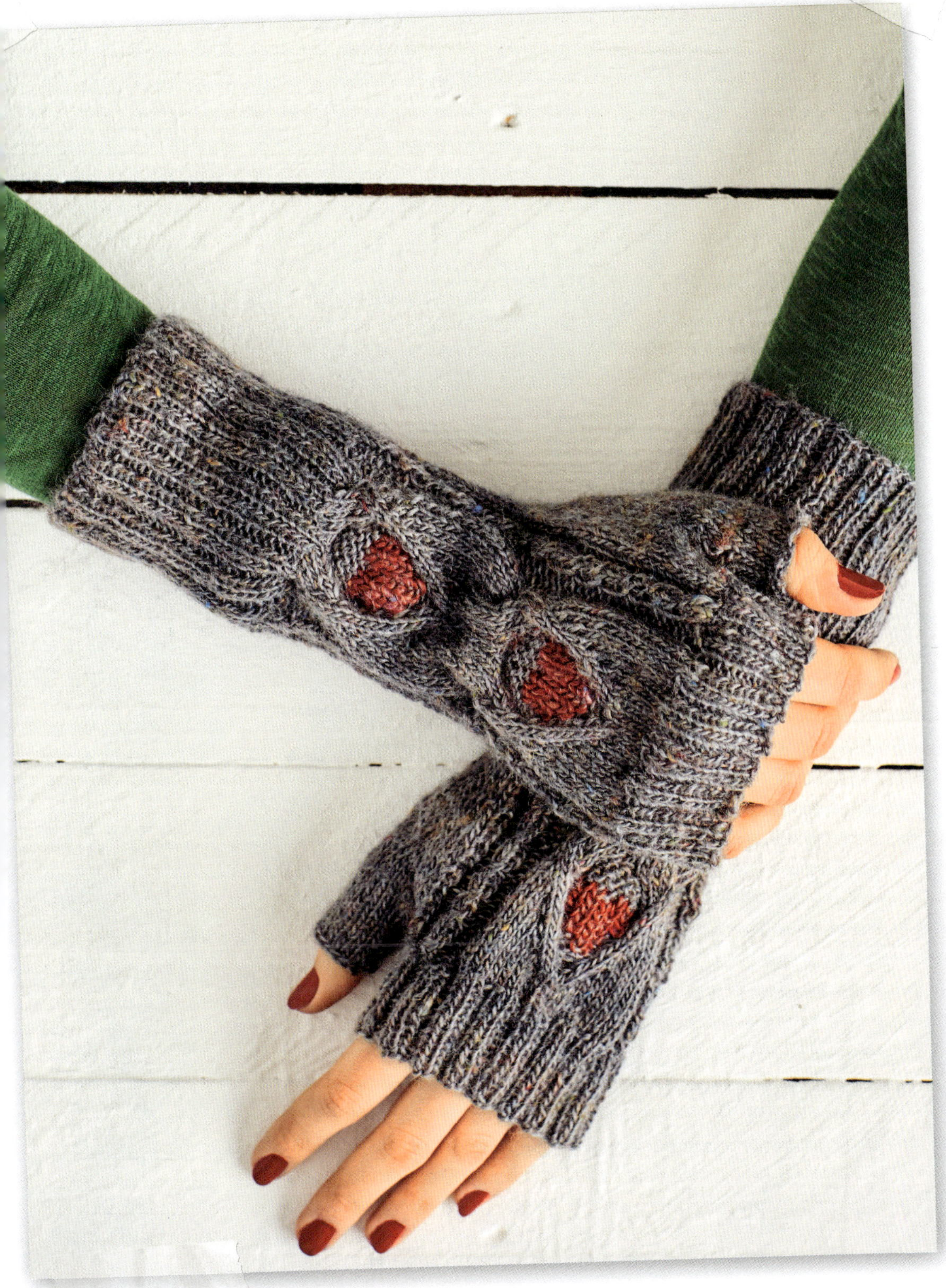

MUSTERSTARK

Armstulpen mit Jacquardmuster ✱✱☆

Größe

16,5/18,5/21,5 cm Umfang, ca. 28 cm fertige Länge
Die Angaben für die drei Größen sind durch Schrägstriche voneinander getrennt. Steht nur eine Angabe, gilt sie für alle Größen.

Material

- Lang Yarns Jawoll (75 % Schurwolle Superwash, 25 % Polyamid, Lauflänge ca. 210 m/ 50 g): je 50 g Petrol, Weiß, Senf und Mint
- Nadelspiel 3,0 mm

Rippenmuster: 1 Masche rechts, 1 Masche links im Wechsel stricken.

Glatt rechts: In Runden stets rechte Maschen stricken.

Jacquardmuster: Maschenzahl teilbar durch 8. Nach dem Zählmuster stricken. Es ist jede Runde gezeichnet. Den Mustersatz von 8 Maschen stets wiederholen. Die 1.–43. Runde 1-mal arbeiten, dann die 30.–43. Runde 2-mal und anschließend die 44. Runde 1-mal stricken (= 72 Runden).

Muster- und Streifenfolge: 72 Runden im Jacquardmuster, 2 Runden in Petrol

Maschenprobe: Im Jacquardmuster 34 Maschen und 34 Runden = 10 x 10 cm

So wird's gemacht

56/64/72 Maschen in Petrol anschlagen, die Maschen gleichmäßig auf vier Nadeln verteilen (= 14/16/18 Maschen pro Nadel) und zur Runde schließen. Für den Bund 5,5 cm = 25 Runden im Rippenmuster stricken. Dann glatt rechts in der Muster- und Streifenfolge weiterarbeiten.

Nach 13,5/12/10,5 cm = 46/40/36 Runden ab Bundende für den Daumenschlitz die 5.–12./5.–16./5.–16. M stilllegen und in der folgenden Runde anstelle der stillgelegten Maschen 8/12/12 Maschen in Petrol dazu anschlagen. Nach 21 cm = 74 Runden ab Bund noch 1 cm = 5 Runden Rippenmuster in Petrol stricken. Maschen abketten.

Für den Daumen die stillgelegten 8/12/12 Daumenschlitzmaschen auf eine Nadel nehmen und weitere 8/12/12 Maschen aus dem Steg in Petrol auffassen (= 16/24/24 Maschen). Die Maschen auf drei Nadeln verteilen (= 5-5-6/8-8-8/8-8-8 Maschen) und 3 cm = 12 Runden glatt rechts in Petrol stricken. Maschen abketten.

Die zweite Stulpe ebenso arbeiten.

Zählmuster

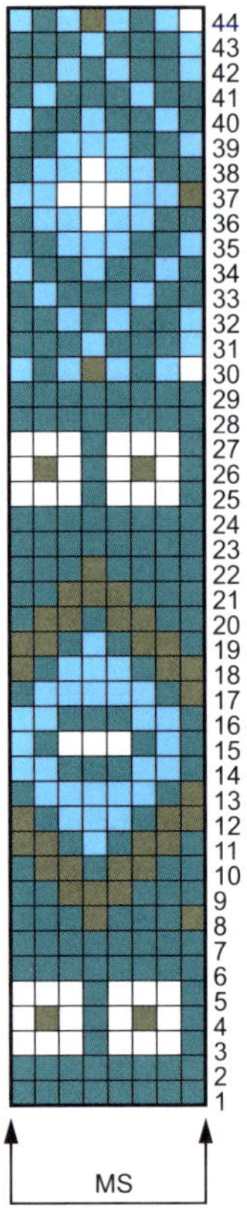

Zeichenerklärung

■ = 1 Masche in Petrol
□ = 1 Masche in Weiß
■ = 1 Masche in Mint
■ = 1 Masche in Senf
MS = Mustersatz

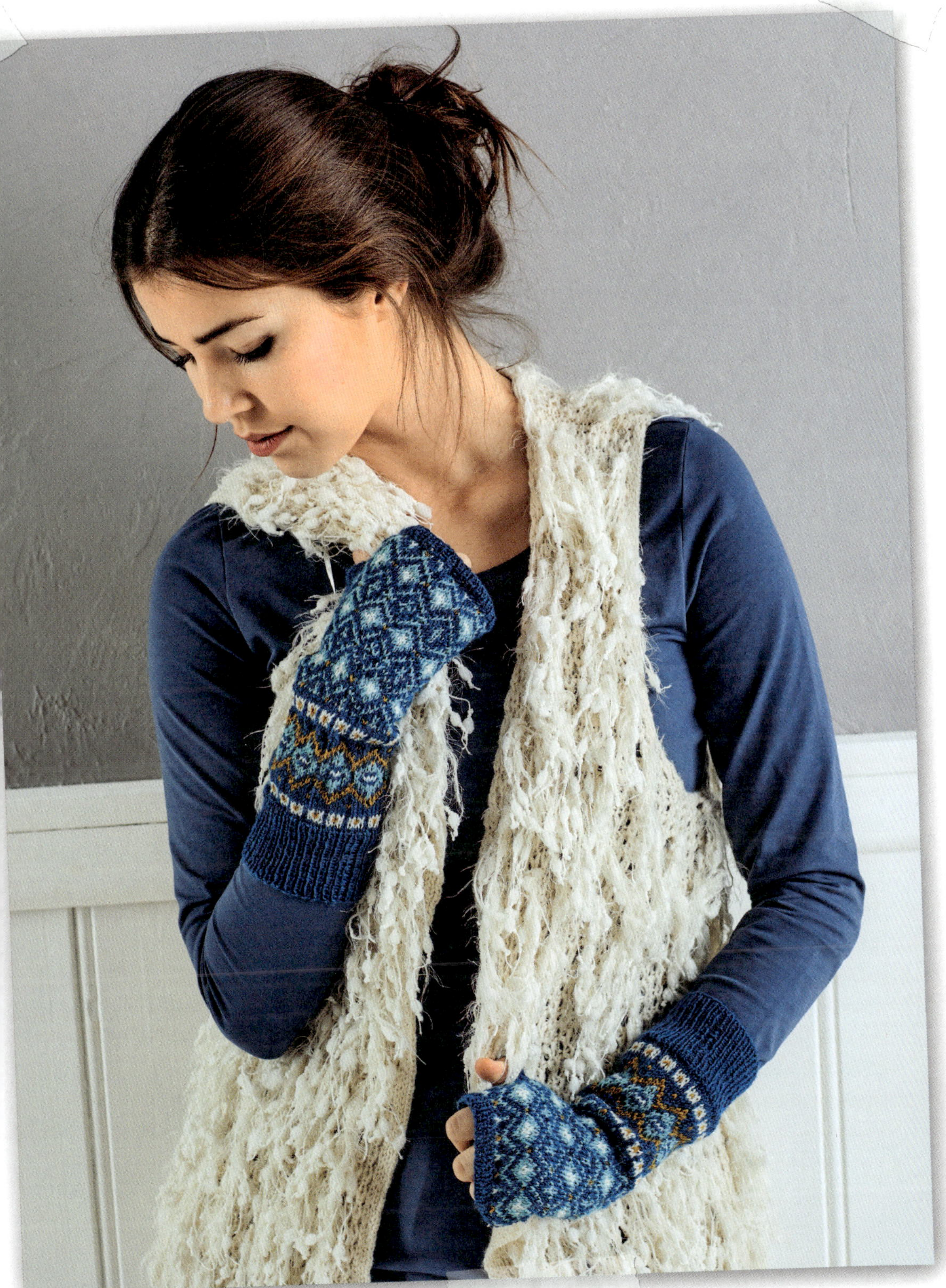

HERBSTFARBEN

Armstulpen mit Hebemaschenmuster ✶✶☆

Größe

18/20,5/25,5 cm Umfang, ca. 25 cm fertige Länge
Die Angaben für die drei Größen sind durch Schrägstriche voneinander getrennt. Steht nur eine Angabe, gilt sie für alle Größen.

Material

- Lana Grossa Cool Wool (100 % Schurwolle, Lauflänge ca. 160 m/50 g): je 50 g Marone und Cognac
- Nadelspiel 3 mm
- Zopf- oder Hilfsnadel
- Maschenmarkierer

Rippenmuster: 2 Maschen rechts, 2 Maschen links im Wechsel stricken.
Glatt links: In Runden stets linke Maschen stricken.
Hebemaschenmuster A: Nach Strickschrift A stricken. Es ist jede Runde gezeichnet. Den Mustersatz von 3 Maschen 12-mal/16-mal/22-mal arbeiten, dann mit den 27 Maschen nach dem Mustersatz die Runde beenden. Die 1.–7. Runde 1-mal stricken, dann die 2.–7. Runde noch 2-mal arbeiten und anschließend die 20.–49. Runde 1-mal stricken.
Hebemaschenmuster B: Nach Strickschrift B stricken. Es ist jede Runde gezeichnet. Mit den 27 Maschen vor dem Mustersatz beginnen, dann den Mustersatz von 3 Maschen 12-mal/16-mal/22-mal arbeiten. Die 1.–7. Runde 1-mal stricken, dann die 2.–7. Runde noch 2-mal arbeiten und anschließend die 20.–49. Runde 1-mal stricken.
Streifenfolge: 1 Runde Cognac, 1 Runde Marone im Wechsel stricken.
Maschenproben: Im Hebemaschenmuster A und B 36 Maschen und 40 Runden = 10 x 10 cm

So wird's gemacht

Rechte Stulpe

64/76/92 Maschen in Marone anschlagen, die Maschen gleichmäßig auf vier Nadeln verteilen (= 16/19/23 Maschen pro Nadel) und zur Runde schließen. Die Maschen der Handfläche sind auf der 1. und 2. Nadel, die Maschen des Handrückens auf der 3. und 4. Nadel. 11 cm = 40 Runden im Rippenmuster stricken. Dann im Hebemaschenmuster A in der Streifenfolge weiterarbeiten, dabei in der 1. Runde 1 Masche abnehmen/ 1 Masche abnehmen/1 Masche zunehmen (= 63/75/93 Maschen).
Nach 3 cm = 12 Runden ab Bund für den Daumenkeil die 4. Masche der 1. Nadel markieren und beidseitig der markierten Masche je 1 Masche aus dem Querfaden links verschränkt herausstricken (= 3 Maschen Daumenkeil). Die folgenden Zunahmen wie folgt stricken: * In der folgenden 4. Runde vor und nach den Daumenkeilmaschen je 1 Masche links verschränkt aus dem Querfaden herausstricken, ab * 5-mal/ 6-mal/7-mal arbeiten (= 13/15/17 Daumenkeilmaschen). Über die Daumenkeilmaschen glatt links in der Streifenfolge arbeiten. Die Zahl der Daumenkeilmaschen erhöht sich bei jeder Zunahme um 2 Maschen. Diese Maschen stilllegen.

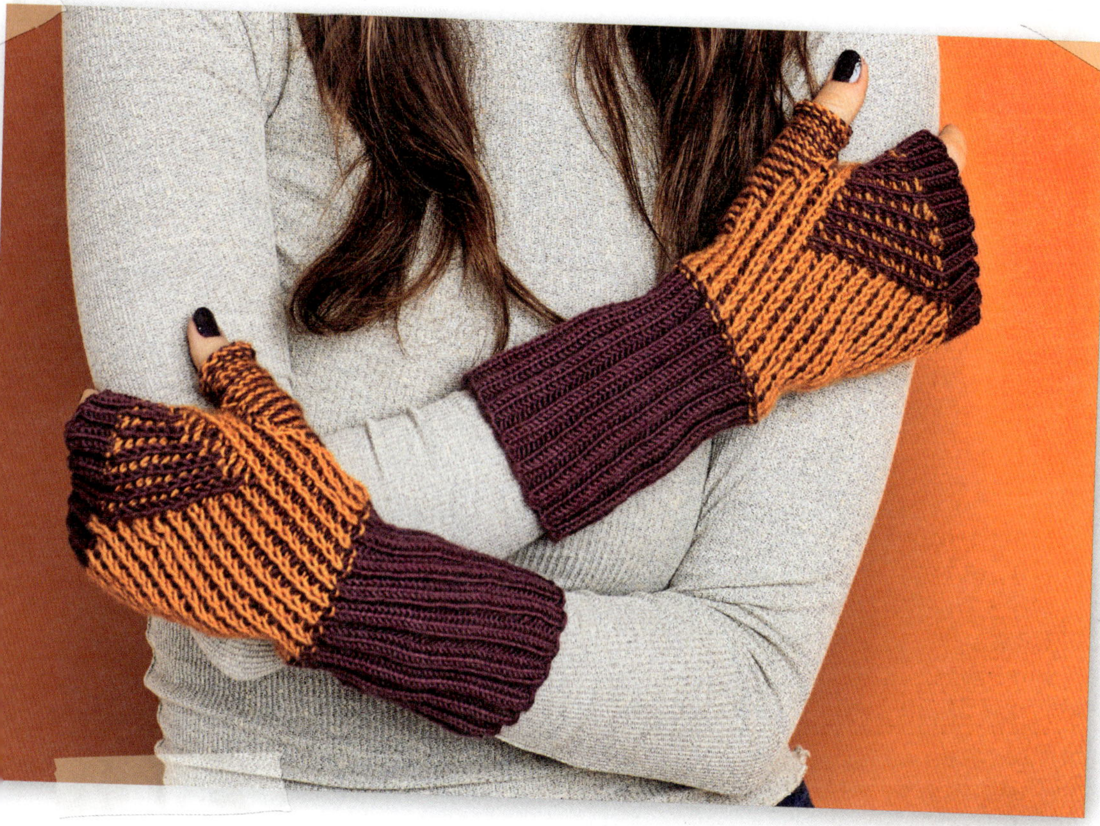

Dann über den stillgelegten Daumenkeilmaschen für den Daumensteg 5/7/9 Maschen dazu anschlagen und 1 Runde stricken, über die Maschen des Daumenstegs ebenfalls glatt links in der Streifenfolge stricken. In der folgenden Runde die 1. Stegmasche mit der Masche davor links zusammenstricken und die letzte Stegmasche mit der Masche danach links zusammenstricken. Diese Abnahme in jeder Runde wiederholen, bis nur noch 1 Masche des Stegs übrig ist (= 63/75/93 Maschen). In 23 cm Gesamthöhe 2 cm = 7 Runden im Rippenmuster in Marone stricken, dabei in der 1. Runde 1 Masche zunehmen/1 Masche zunehmen/1 Masche abnehmen (= 64/76/92 Maschen).

Für den Daumen die stillgelegten 13/15/17 Keilmaschen auf eine Nadel nehmen, 5/7/9 Maschen aus dem Steg auffassen (= 18/22/26 Maschen). Die Maschen auf drei Nadeln verteilen (= 6-6-6/7-7-8/8-9-9 Maschen). Glatt links in der Streifenfolge stricken. In der folgenden Runde die 1. Stegmasche mit der Masche davor links zusammenstricken und die letzte Stegmasche mit der Masche danach links zusammenstricken. Diese Abnahmen in jeder Runde ebenso arbeiten, bis nur noch 1 Masche des Stegs übrig ist (= 19/23/27 Maschen). Auf Höhe des Fingergelenks alle Maschen abketten.

Linke Stulpe

Gegengleich zur rechten Stulpe arbeiten (Handfläche: 3. und 4. Nadel, Handrücken: 1 und 2. Nadel) und für den Daumenkeil die viertletzte Masche der 4. Nadel markieren und das Hebemaschenmuster B in der Streifenfolge arbeiten.

Strickschrift A

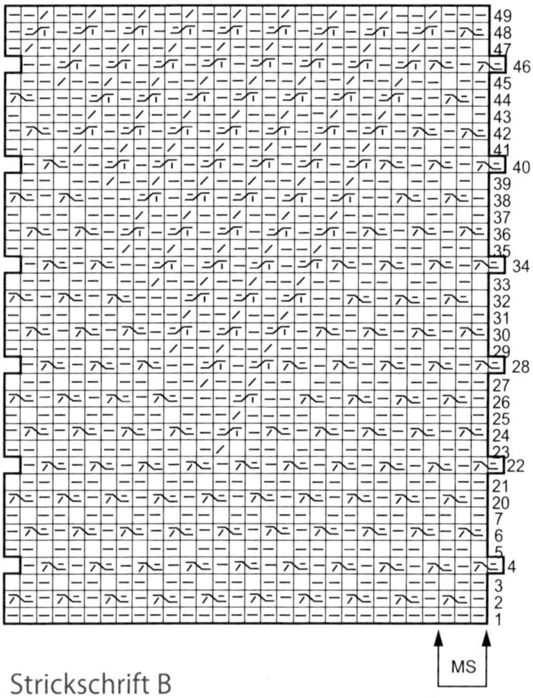

Strickschrift B

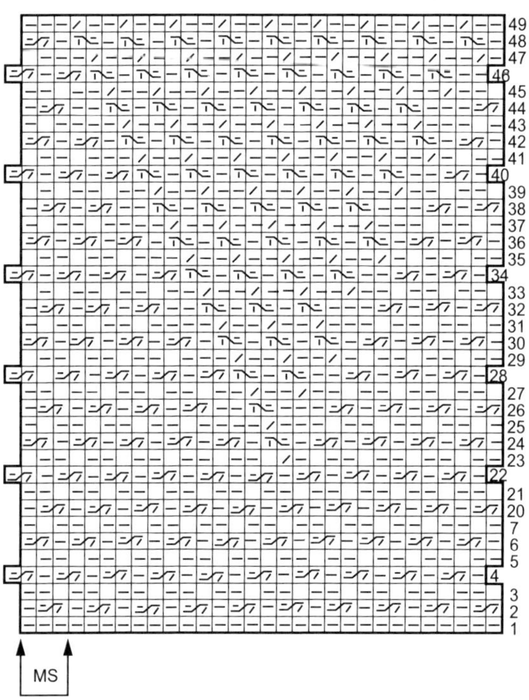

Zeichenerklärung

□ = 1 rechte Masche

⊟ = 1 linke Masche

⧄ = 1 Masche wie zum Rechtsstricken abheben (Faden hinter der Arbeit)

= 1 Masche auf eine Hilfsnadel vor die Arbeit legen, 1 Masche links stricken, dann die Masche der Hilfsnadel auf die rechte Nadel heben (Faden hinter der Arbeit)

= 1 Masche auf eine Hilfsnadel hinter die Arbeit legen, 1 Masche wie zum Rechtsstricken abheben (Faden hinter der Arbeit), dann die Masche der Hilfsnadel links stricken

= 1 Masche auf eine Hilfsnadel vor die Arbeit legen, 1 Masche links stricken, dann die Masche der Hilfsnadel rechts stricken

= 1 Masche auf eine Hilfsnadel hinter die Arbeit legen, 1 Masche rechts stricken, dann die Masche der Hilfsnadel links stricken

MS = Mustersatz

HIMMELBLAU

Armstulpen mit Zopfmuster ✱✱☆

Größe

18/20,5/22 cm Umfang, ca. 24,5 cm fertige Länge
Die Angaben für die drei Größen sind durch Schrägstriche voneinander getrennt. Steht nur eine Angabe, gilt sie für alle Größen.

Material

- ONline Linie 2 Supersocke Silk (55 % Schurwolle, 25 % Polyamid, 20 % Seide, Lauflänge ca. 200 m/50 g): 50 g Jeans
- Nadelspiel 3,0 mm
- Zopf- oder Hilfsnadel

Rippenmuster: 1 Masche rechts verschränkt, 1 Masche links im Wechsel stricken.

Zopfmuster über 42 Maschen: Nach der Strickschrift stricken. Es sind nur ungerade Runden/Reihen gezeichnet, in den geraden Runden/Reihen die Maschen stricken, wie sie erscheinen bzw. verschränkte Maschen ebenfalls verschränkt stricken. Die 1.–26. Runde/Reihe 1-mal stricken, dann die 27. und 28. Runde/Reihe 7-mal arbeiten, danach die 41.–66. Runde/Reihe 1-mal stricken (= 66 Runden).

Maschenprobe: Im Zopfmuster 33 Maschen und 36 Runden = 10 x 10 cm

So wird's gemacht

Linke Stulpe

60/66/72 Maschen anschlagen, die Maschen auf vier Nadeln verteilen (= 15-15-15-15/16-17-16-17/18-18-18-18 Maschen) und zur Runde schließen. Die Maschen der Handfläche sind auf der 1. und 2. Nadel, die Maschen des Handrückens auf der 3. und 4. Nadel. Zunächst für den Bund 5 cm = 20 Runden im Rippenmuster stricken, dabei in der 1. Runde mit 1 Masche rechts verschränkt, 1 Masche links/1 Masche links, 1 Masche rechts verschränkt/1 Masche rechts verschränkt, 1 Masche links beginnen. Dann die Maschen wie folgt einteilen: 34 Maschen Zopfmuster, dafür bei Pfeil a beginnen, danach den Mustersatz von 6 Maschen noch 4-mal/5-mal/6-mal arbeiten und mit den 2 Maschen vor dem Pfeil a enden.
In 17 cm Gesamthöhe die Arbeit am Rundenbeginn teilen und 4 cm in Reihen stricken, danach wieder in Runden weiterarbeiten. Nach den 66 Runden des Zopfmusters noch 2,5 cm = 9 Runden im Rippenmuster stricken. Dann alle Maschen abketten.

Rechte Stulpe

Gegengleich zur linken Stulpe arbeiten, die Maschen der Handfläche sind also auf der 3. und 4. Nadel und die Maschen des Handrückens auf der 1. und 2. Nadel.

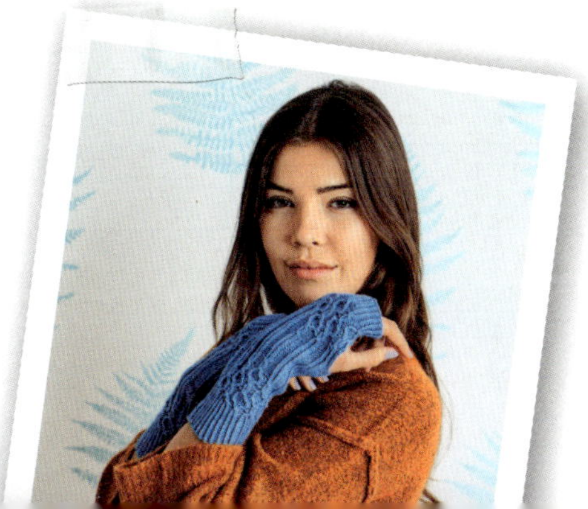

Strickschrift

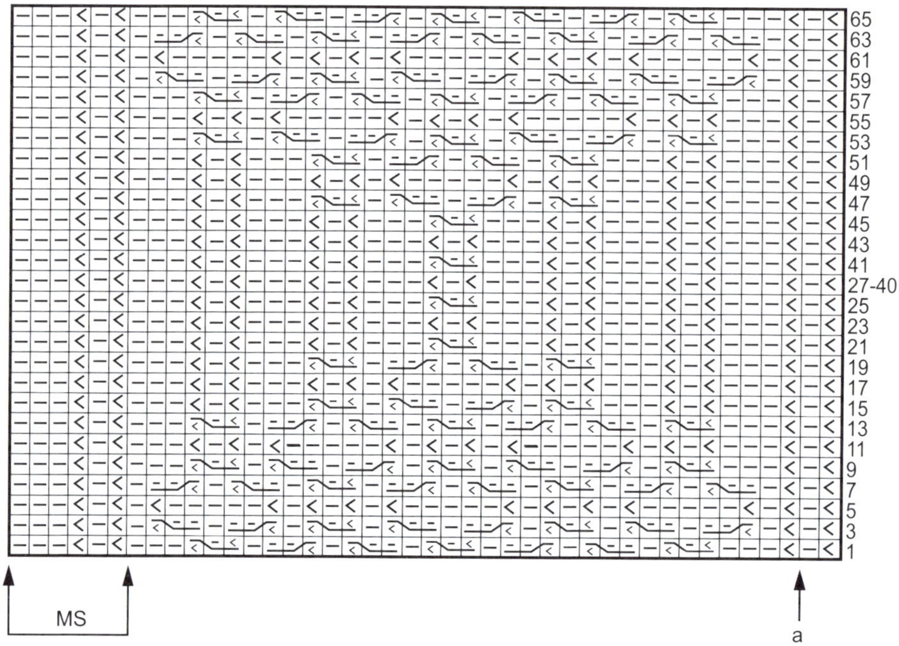

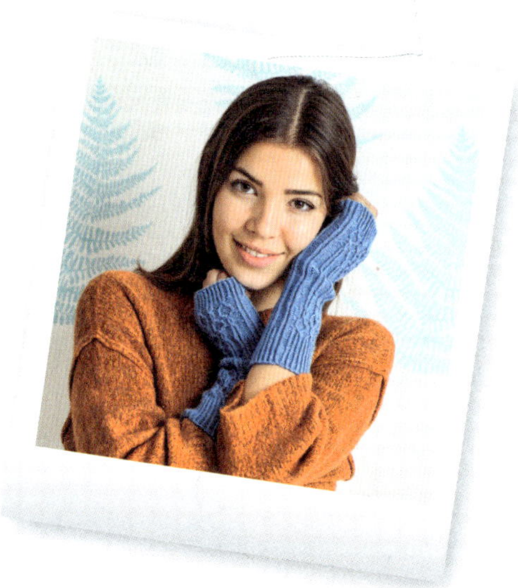

Zeichenerklärung

[Symbol: rechts verschränkt] = 1 Masche rechts verschränkt

[Symbol: links] = 1 Masche links

[Symbol] = 1 Masche auf eine Hilfsnadel vor die Arbeit legen, 1 Masche auf eine zweite Hilfsnadel hinter die Arbeit legen, 1 Masche rechts verschränkt stricken, dann die Masche der zweiten Hilfsnadel links und danach die Masche der ersten Hilfsnadel rechts verschränkt stricken

[Symbol] = 1 Masche auf eine Hilfsnadel vor die Arbeit legen, 2 Maschen links stricken, dann die Masche der Hilfsnadel rechts verschränkt stricken

[Symbol] = 2 Maschen auf eine Hilfsnadel hinter die Arbeit legen, 1 Masche rechts verschränkt stricken, dann die Maschen der Hilfsnadel links stricken

MS = Mustersatz

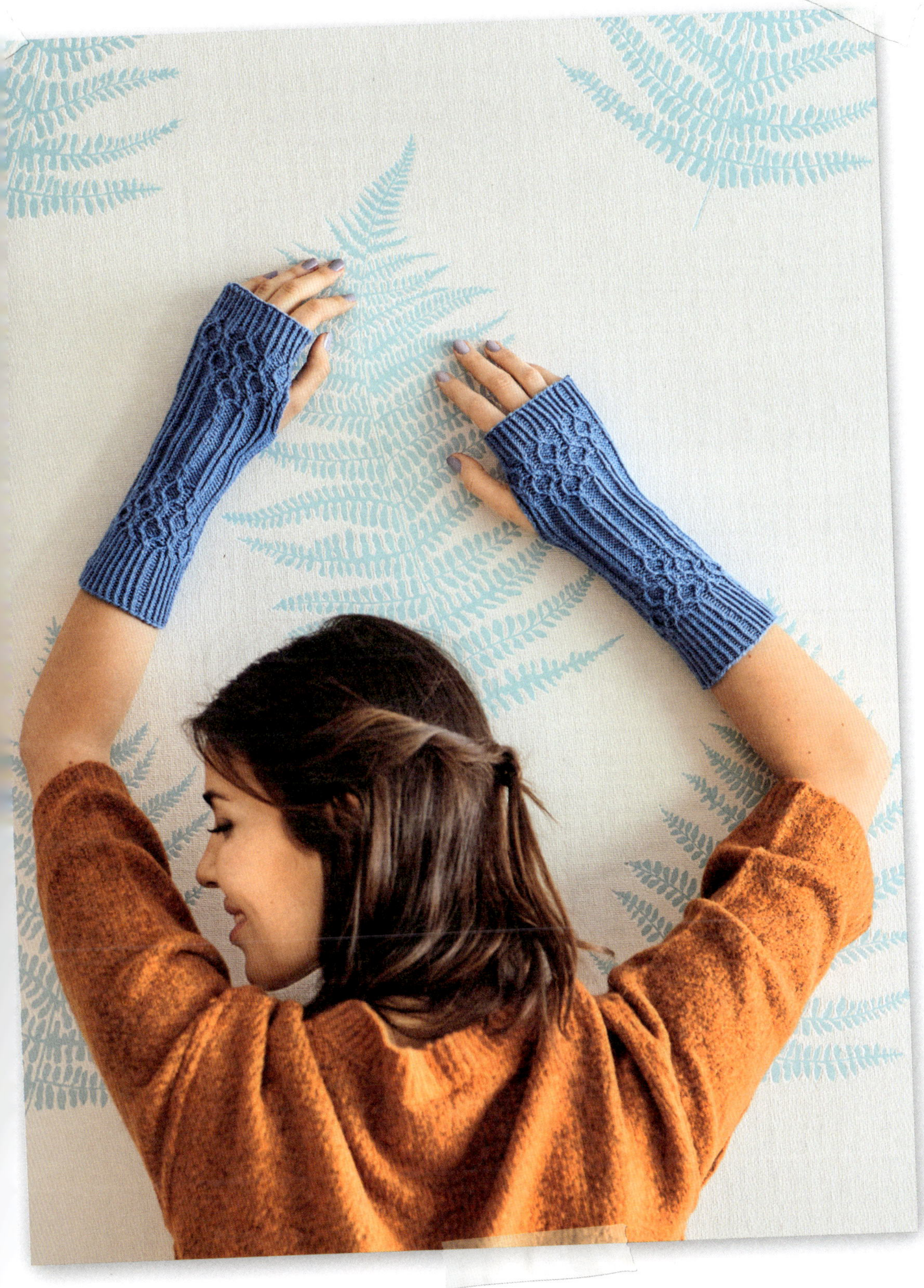

Impressum

Entwürfe und Realisation: Babette Ulmer
Redaktion: Judith Wiedemann
Lektorat: Regina Sidabras
Fotos und Styling: Florian Bilger Fotodesign
Strick- und Häkelschriften: Babette Ulmer
Umschlaggestaltung: GrafikwerkFreiburg
Gestaltung und Satz: www.heydesign.de
Repro: RTK & SRS mediagroup GmbH
Printed in Türkiye by Elma Basim

★★★★★

Sind Sie mit diesem Titel zufrieden? Dann würden wir uns über Ihre Weiterempfehlung freuen. Erzählen Sie es im Freundeskreis, berichten Sie Ihrem Buchhändler oder bewerten Sie beim Onlinekauf. Und wenn Sie Kritik, Korrekturen, Aktualisierungen haben, freuen wir uns über Ihre Nachricht an Christian Verlag, Postfach 40 02 09, D-80702 München oder per E-Mail an lektorat@verlagshaus.de.

Unser komplettes Programm finden Sie unter
www.christophorus-verlag.de

Herstellerverzeichnis

- Junghans Wollversand GmbH & Co. KG
  www.junghanswolle.de
- LANA GROSSA
  www.lanagrossa.de
- LANG & CO. AG
  www.langyarns.com
- ONline KLAUS KOCH GmbH
  www.online-garne.de

Die Deutsche Nationalbibliothek verzeichnet diese Publikation in der Deutschen Nationalbibliografie; detaillierte bibliografische Daten sind im Internet über http://dnb.d-nb.de abrufbar.

8. Auflage 2024

Infanteriestraße 11a
80797 München

ISBN 978-3-8410-6443-1

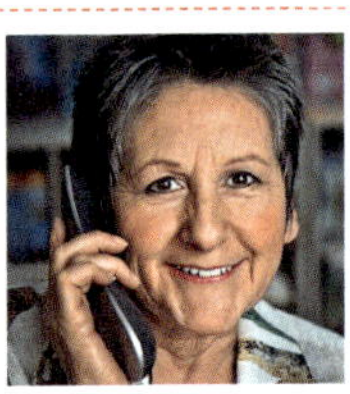

Kreativ-Service

Sie haben Fragen zu den Büchern und Materialien? Frau Erika Noll ist für Sie da und berät Sie rund um alle Kreativthemen. Rufen Sie an! Wir interessieren uns auch für Ihre eigenen Ideen und Anregungen. Sie erreichen Frau Noll per E-Mail: **mail@kreativ-service.info** oder Tel.: **+49 (0) 5052/91 18 58**

Besuchen Sie uns im Internet: www.christophorus-verlag.de
& www.selbstgemacht.de